L'ÉDUCATION
EN ANGLETERRE

COLLÈGES ET UNIVERSITÉS

PAR

PIERRE DE COUBERTIN

PARIS
LIBRAIRIE HACHETTE ET Cie
79, BOULEVARD SAINT-GERMAIN, 79

1888

L'ÉDUCATION
EN ANGLETERRE

Coulommiers. — Imp. P. BRODARD et GALLOIS.

L'ÉDUCATION EN ANGLETERRE

COLLÈGES ET UNIVERSITÉS

PAR

PIERRE DE COUBERTIN

PARIS
LIBRAIRIE HACHETTE ET Cie
79, BOULEVARD SAINT-GERMAIN, 79
—
1888

Droits de propriété et de traduction réservés

TO

Mr SEDLEY TAYLOR M. A.

LATE FELLOW OF TRINITY COLLEGE

CAMBRIDGE

THIS BOOK IS DEDICATED

BY HIS GRATEFUL YOUNG FRIEND

P. C.

INTRODUCTION

I

Ce n'est pas un traité d'éducation que je vous présente, lecteur : ce sont des impressions de voyage à travers les collèges anglais.

Il y a longtemps que je vous entends vous plaindre de la situation qui est faite aux enfants français. On leur a enlevé, dites-vous, jusqu'au privilège d'être des enfants.

On les bourre de connaissances.

On en fait des dictionnaires vivants.

On les *surmène*; c'est le terme consacré. Et à force d'engraisser leur intelligence comme on engraisse les volailles, on affaiblit leurs forces physiques et on tue leur énergie morale. Voilà ce dont vous vous lamentez; vous avez cent fois raison. Par malheur il y a sainte Routine, protectrice de l'Université, et saint Parchemin, patron du royaume de France, qui rendent inutiles vos jérémiades. Vous êtes sous leur joug; que deviendraient vos fils, mon Dieu, s'ils n'avaient pas ce diplôme indispensable à tout Français qui se respecte et si vous ne pouviez, vers la fin de leurs études, leur présenter le menu de leur avenir en leur disant, comme un maître d'hôtel qui offre des potages : « Armée ou magistrature? — Diplomatie ou administration? » Et supposez que l'un d'eux, plus hardi, vienne vous dire : « Je me ferai une carrière. » Quelle inquiétude ce mot n'éveillera-t-il pas en vous? Vous n'y croyez pas aux carrières qu'on se fait à soi-même, parce que vous songez à ces premières bouffées d'air pur qui grisent le collégien rendu à la liberté, et vous êtes pressé de faire passer le vôtre d'un harnais dans un autre.

Verba volant. C'est avec des faits et non avec des paroles qu'il faut lapider sainte Routine et saint Parchemin : voilà pourquoi en me promenant en Angleterre j'ai recueilli le plus de faits possible, visitant les principales maisons d'éducation et interrogeant un grand nombre de professeurs et d'élèves. Cela s'appelle, si je ne me trompe, procéder par observation, et c'est ainsi que l'on acquiert cette certitude, pour ainsi dire matérielle, dont l'illustre Le Play a démontré la supériorité sur celle qui résulte de raisonnements *à priori* et de théories préconçues.

Jetez un coup d'œil sur ces notes ; vous y verrez que, dans un pays aussi chrétien et civilisé que le nôtre, on élève les enfants par des procédés diamétralement opposés à ceux que nous employons, ce qui prouve, à tout le moins, qu'il existe des chemins différents pour atteindre au même but. Cette éducation est libre, comme il convient à une nation émancipée ; elle ne produit pas le déclassement, la plaie de notre pays et la cause de bien des révolutions ; elle pèche sans doute par d'autres côtés, la perfection n'étant pas de ce monde ; mais de tels avantages méritent qu'on s'y arrête. Et puis, il ne faut pas se fier aux apparences. En cette matière plus qu'en toute autre, les Anglais, chez lesquels l'esprit de tradition et l'esprit de nouveauté se trouvent à tel point mélangés, ont greffé le présent sur le passé et derrière les façades vénérables religieusement conservées ont bâti selon les exigences modernes; leurs collèges sont gothiques d'architecture; un peu gothique aussi est leur enseignement, mais point du tout leur éducation.

Voilà, lecteur, ce que j'entreprends de vous prouver; j'y réussirai ou je n'y réussirai pas. Mais, de grâce, ne commencez pas par me jeter à la tête ce mot d' « anglomane » qui sert de bouclier à tous les partis pris. On dirait vraiment qu'il est impossible d'apprécier quoi que ce soit de l'autre côté de la Manche sans avoir l'esprit faussé ou l'œil de travers. Eh bien, c'est convenu! Nous les détestons et ils nous détestent. Mais, je vous en prie, laissons l'Irlande et la loi de Malthus tranquilles, ainsi que ces clichés innombrables dont les anglophobes font collection.

Il est toujours utile d'étudier le voisin, fût-ce un adversaire, car on peut, en l'imitant dans ce qu'il a de bon, le corriger et faire encore mieux que lui. Les moins prévenus, s'ils ne me traitent pas d'anglomane, vont au moins me dire : « A quoi bon les étudier? Nous n'en pouvons tirer aucun profit.... *les caractères sont trop différents.* » Mauvaise excuse ! L'éducation est avant tout l'art de faire des hommes. Est-ce que les hommes ne sont pas partout les mêmes ! Est-ce qu'ils n'ont pas tous un corps qu'il faut fortifier et un caractère qu'il faut former?

Ce que j'admire aussi, il est vrai, chez nos voisins, c'est qu'ils sont restés fidèles à leurs traditions, qu'ils les comprennent et en préparent le respect dans les générations futures. Il peut arriver au contraire que, trompé, égaré, obéissant aveuglément à quelque courant d'idées fausses, un peuple méconnaisse sa nature, sa destinée, ses instincts, ses besoins et qu'il élève ses fils dans une voie contraire à leur caractère et aux qualités de leur race. Je crois que c'est assez le cas pour nous et que l'éducation française n'est pas l'art de faire des Français; en tout cas, ce n'est pas l'art de faire des hommes, car les hommes ne se composent pas seulement d'une intelligence, et nous agissons comme si tel était le cas.

Les Anglais ont évité cet écueil.

Instruire n'est pas élever. « Entre l'instruction, qui donne des connaissances, pourvoit l'esprit et fait des savants, et l'éducation, qui développe les facultés, élève l'âme et fait des hommes, il y a une différence profonde. » — Cela pourrait passer pour une vérité de La Palisse, si de nos jours en France une déplorable confusion ne s'était établie entre ces deux notions. On a pu le dire hier, on peut encore mieux le répéter aujourd'hui : l'instruction est tout; l'éducation, rien.

Les lignes que je viens de rappeler ont été écrites par Mgr Dupanloup. Guizot, qui n'a pas moins de droits à une citation quand il s'agit d'éducation, a dit quelque part : « Il n'y a pas de liberté pour les enfants, s'ils ne sont pas un peu *seuls* et livrés à eux-mêmes. » Montaigne a donné ce précepte : « Pour leur roidir l'âme, il faut leur durcir les muscles. » Et Jean-Jacques Rousseau, cet axiome : « Plus le corps est faible, plus il commande; plus il est fort, plus il obéit. »

Ces quatre extraits de quatre auteurs français m'ont paru résumer à merveille, d'une façon claire et complète, l'esprit de l'éducation anglaise.

Lecteur, j'ai fait presque une préface, et je m'en excuse.... Mais c'est votre faute.

II

.... Et, pour me faire pardonner, je vais en faire une seconde. Les établissements dont il me faut parler tout d'abord sont en effet les préfaces des collèges : une sorte de transition assez habilement ménagée, qui permet à l'enfant de pénétrer petit à petit dans le monde scolaire, de s'y habituer progressivement.

Il est assez particulier, ce monde scolaire anglais, bizarre même par certains côtés : les traditions y sont maintenues avec un soin jaloux, de sorte que les réformateurs, s'ils n'agissent pas avec le plus grand tact, courent risque de se rendre fort impopulaires; la hiérarchie y a une puissance considérable; en un mot, c'est une vraie société avec son organisation spéciale, ses coutumes, ses lois et aussi ses préjugés. Ils s'en rendent bien compte, les jeunes citoyens, comme le prouvent ces fières déclarations faites par l'un d'eux dans la Revue de son collège (*Rugby Magazine*) : « Nous formons un véritable corps social, une société au sein de laquelle nous avons, non pas seulement à apprendre, mais à agir et à vivre, — et à agir et à vivre non pas seulement en enfants, mais en enfants qui seront des hommes. » Le jeune auteur faisait un peu la roue en décernant à ses camarades ce brevet d'importance, mais au bout du compte il rendait bien la pensée de tous, maîtres et élèves. On conçoit que l'enfant, transporté soudain dans un pareil milieu, s'y trouve singulièrement dépaysé et exposé à perdre pied avant de savoir nager : de là, la nécessité d'une transition.

Les Anglais ne sont jamais très pressés de se séparer de leurs enfants. D'abord ils n'y trouvent aucun avantage pécuniaire, parce que le plus souvent ils en ont beaucoup et très rapprochés d'âge, ce qui facilite et simplifie l'enseignement : les leçons collectives sont toujours moins dispendieuses que les leçons particulières; d'autre part, dans les collèges, le prix de la pension est élevé; donc pas d'économie à réaliser de ce côté-là. Ce point de vue a son importance, même quand il s'agit des classes aisées. Tel jeune ménage appelé à avoir une belle fortune peut se trouver à un certain moment dans cette position où, sans être absolument gêné, on regarde à la dépense. Cela tient à l'organisation de la société anglaise, où les femmes se marient le plus souvent sans dot et où les parts d'héritage ne sont pas taillées sous l'œil de la loi, régulièrement, comme des parts de gâteau.

Il ne manque pas de par le monde de gens qui considèrent le collège comme le lieu normal où doivent s'écouler l'enfance et l'adolescence; ceux-là estiment que le plus tôt on quitte sa famille, le mieux cela vaut. L'opinion publique, en Angleterre, ne s'est pas laissé entraîner à des vues aussi étrangement paradoxales. Comment penser que votre société est celle qui convient le moins à vos fils et quel triste compliment vous vous faites à vous-même en pensant de la sorte? Bien au contraire, les Anglais, dont beaucoup regardent leurs collèges comme des pis-aller (que penseraient-ils des nôtres?), voudraient prolonger le plus possible cette période pendant laquelle parents et enfants sont réunis au même foyer; c'est alors que les liens de famille se forment avec une telle force qu'ils peuvent ensuite traverser toute l'existence. Ceux qu'ils ont unis se dissémineront sur toutes les routes, pour ne se retrouver qu'à de rares intervalles; mais ils emporteront au fond de leur mémoire l'image profondément gravée du « home ». — Ne remarque-t-on pas souvent l'apparent contraste qu'il y a entre ce « sweet home », dont le nom revient toujours sur les lèvres britanniques, et ces vies lointaines, nomades, indépendantes au dernier degré, qui semblent devoir convenir à des gens sans patrie, sans clocher, sans famille?

Les parents ont donc le désir que la période passée par leurs fils dans le « home » soit assez longue et assez importante pour fixer leurs souvenirs; et quand ils se décident à se séparer d'eux, c'est avec la condition que trois fois par an, à Noël, à Pâques et en été, on se retrouvera au grand complet pour un bon bout de temps, jusqu'à ce que le moment soit venu pour chacun de suivre sa destinée et d'entrer dans la vie active.

« J'élèverai mon fils à l'anglaise, disait une jeune mère qui venait d'avoir son premier bébé; c'est très simple : il faut un *tub* et beaucoup d'eau. » — Je reconnais bien que ces conditions-là sont nécessaires, mais elles ne sont pas uniques; ce qui donnerait à penser qu'on ne se lave qu'en Angleterre.

Là-bas, dès la plus tendre enfance, les garçons s'adonnent aux charmes du plein air et les leçons ne viennent pas les troubler trop vite. Mais, si l'on se préoccupe moins d'orner leur esprit et de mettre leur intelligence en mouvement de bonne heure, on pense qu'il n'est jamais trop tôt pour commencer à former leur caractère, à développer leur énergie. A peine commence-t-il à courir seul que le petit Anglais sait déjà qu'il est un homme, et que les pleurs permis à sa sœur sont honteux pour lui. « Be a man : Sois un homme », lui répète-t-on toute la journée. J'ai vu plusieurs fois des garçons qui n'apprenaient pas encore à lire avoir déjà assez de puissance sur eux-mêmes pour refouler leurs larmes, quand ils s'étaient fait mal en tombant.... Et notez que cette première éducation n'a rien de spartiate; les inepties de feu Lycurgue ne sont nullement renouvelées. Les mères sont très tendres pour leurs enfants, les pères, indulgents, et le régime de la *nursery* n'a rien de rude; on n'y néglige ni les soins ni les attentions délicates. On cherche donc moins à les endurcir à la souffrance elle-même qu'à les empêcher de la trahir par des signes extérieurs.... la distinction est subtile. Je voudrais mieux l'exposer, car elle est très réelle.

Le résultat se manifeste dans les jeux : les garçons ne font point de pâtés dans le sable; ils se roulent dans l'herbe, enjambent les barrières, sautent les fossés et les ruisseaux et grimpent aux arbres. Leur audace est proverbiale. Qui ne connaît le charmant tableau dans lequel M. Taine[1] a représenté un bambin monté sur son poney, qui, passant dans une prairie, près d'un taureau à l'œil méchant,

---

1. *Notes sur l'Angleterre.*

crie à ses grandes sœurs, dont il escorte la cavalcade : « Holà ! jeunes filles, n'ayez pas peur et mettez-vous derrière moi ».

Tel est le gibier qui peuple les *private schools*; y entrent très jeunes ceux dont les parents sont forcés de s'éloigner momentanément ou qui, résidant à Londres, en redoutent le climat.... ou bien encore ceux dont l'intelligence précoce mérite d'être poussée ; y entrent plus tard, et souvent pour n'y faire que passer, ceux qui n'y cherchent qu'une transition. En règle générale, les *public schools* n'admettent les enfants qu'à douze ou treize ans au plus tôt, à moins qu'il n'y ait une école préparatoire annexée à l'établissement ; c'est le cas pour les collèges catholiques, où l'on entre souvent pour la première communion.

Un professeur — généralement un agrégé des Universités — prend quelques élèves chez lui ; c'est l'embryon du *private school*. Il y en a de toutes les sortes et de toutes les tailles et il y en a partout : à la mer, à la campagne, près et loin des villes. Le nombre des élèves est très variable : de dix à vingt, c'est une moyenne ordinaire ; trente, c'est beaucoup ;

au delà, ce serait trop. Car alors le professeur est forcé de partager son autorité, de se départir de quelques-unes de ses fonctions, d'avoir des surveillants, des sous-maîtres (*ushers*), ce qu'en France on appelle du nom détesté de pion. La race n'en est guère moins exécrable en Angleterre, seulement elle y est bien moins répandue.

Les *ushers* ne sont pas des gentlemen.

Qui donnera jamais à ce mot : *gentleman*, son sens exact ? Il est indéfinissable et répond cependant à une idée très nette : les mères qui confient leurs enfants à un gentleman savent qu'auprès de lui ils ne perdront pas leurs bonnes manières, qu'ils n'entendront aucune parole déplacée, qu'ils ne prendront aucune habitude malséante.

Il faut se souvenir que l'éducation universitaire est un brevet de distinction et que l'homme qui a traversé Oxford ou Cambridge n'en sort pas, quelle que soit d'ailleurs son extraction, sans ce vernis que donne la fréquentation de la bonne société. Cela néanmoins ne suffit pas à expliquer ce qui pour moi fut longtemps un mystère : la facilité avec laquelle les Anglais deviennent distingués ou, si l'on veut, leur distinction naturelle; je serais porté à en chercher l'explication dans leur extrême simplicité. Si l'on fait exception pour les « swells[1] » de Londres, la simplicité va croissant en proportion de la fortune et de la position sociale; point de pose chez les hommes ni de minauderies chez les femmes; rien pour la montre. Il en résulte peut-être un peu d'égoïsme et de sécheresse dans les rapports, mais le ton général n'en est que meilleur.

Dans le *private school*, c'est la femme du professeur qui a le gouvernement intérieur de la maison, de la lingerie, de l'infirmerie et de la cuisine; elle ne sort de son appartement que pour inspecter et donner des ordres; jamais une Anglaise n'aura l'idée d'imiter certaine patronne d'une « boîte » parisienne, laquelle apportait sa broderie dans la salle d'étude et se faisait décrire par les élèves les toilettes de leurs mères et de leurs sœurs. Ici ce sont presque deux maisons séparées, mais

---

1. Elégants.

les garçons vont souvent de l'une à l'autre; on les reçoit au salon; ils aident même à en faire les honneurs...... Ainsi établi, le *private school* est une famille agrandie.

Etes-vous en peine d'un private school? vous vous adressez à une des agences désignées dans le *Times* ou dans le *Standard*, laquelle vous fournit gratuitement nombre de prospectus. Pendant huit jours, c'est une avalanche de lettres et de petites brochures; une circulaire a fait connaître aux professeurs en rapport avec l'agence votre nom et votre adresse, et ceux-ci s'empressent de vous faire connaître leurs conditions en exprimant le désir de mériter votre confiance.

A l'envoi sont joints souvent des dessins ou des photographies représentant la maison; on donne soigneusement le détail géologique du sol et quelquefois l'analyse de l'eau à boire, en attendant qu'on ajoute : Filtre Pasteur, tout comme on inscrit : Ascenseur, à la porte des hôtels. Naturellement les choses sont présentées sous le jour le plus favorable, mais je dois dire qu'en général l'installation matérielle est très satisfaisante.

Les private schools se divisent en plusieurs catégories : les uns sont de petites écoles préparatoires, les autres, de véritables collèges établis par une société d'actionnaires ou par un groupe de professeurs ; beaucoup tiennent le milieu entre ces deux espèces. D'autres enfin sont des « cramming » : lisez des chauffoirs.

De la première catégorie je citerai Bowden House school, situé près de Harrow; les enfants sont admis de sept à quinze ans. Le prix est de 80 à 100 guinées par an (2000 à 2600 francs). Bien entendu, il y a toutes les facilités nécessaires pour le cricket et les autres jeux; cela vient presque en première ligne sur les prospectus.

Je citerai ensuite Saint-Edmund's college — Elgin Crescent, Notthing Hill. W. — C'est le premier des externats établis récemment par une association d'universitaires de Cambridge. On y prend les enfants à partir de six ans; ils peuvent être externes ou demi-pensionnaires. Les heures de classe sont de 9 h. 1/4 à 11 heures, de 11 h. 1/4 à 1 heure, et, dans l'après-midi, de 3 à 5 ou de 2 à 4 selon la saison; prix : de 12 à 15 guinées par an (312 à 390 fr.).

Appuldurcombe college, situé dans l'île de Wight, est l'ancien château des comtes de Yarborough; une splendide propriété, entourée d'un parc de 700 acres. On l'a confortablement aménagée pour sa nouvelle destination, mais tout en lui gardant son apparence seigneuriale; ce n'est pas seulement le château, c'est le domaine tout entier qui a été acheté, avec le droit de chasse par conséquent : moyennant 2 livres par an (50 francs), les élèves de dix-sept ans ont la permission de tuer les perdrix du collège. Mais la propriété sert à autre chose qu'à les divertir ; s'ils se destinent à la colonisation (*colonial life*), on les dresse à l'agriculture, au faire-valoir, à l'administration d'une ferme;... entre autres langues vivantes, on leur apprend l'hindoustani.

Appuldurcombe peut contenir jusqu'à cinquante élèves; c'est beaucoup. On a beau séparer les petits d'avec les grands, cette séparation n'est jamais bien complète. En somme le *private school* ne devrait jamais viser à remplacer le *public school*. Il n'est bon que pour préparer les jeunes enfants au changement de vie, pour leur servir de vestibule scolaire.

Et, quant aux « cramming », ils ne rentrent guère dans le cadre de cette étude, où j'ai l'intention de parler d'éducation plus que d'instruction. Dans ces établissements, le but poursuivi est de meubler une mémoire en vue de quelque examen décisif. Heureusement leur rôle n'est pas bien important en Angleterre, où les examens sont tels qu'un travail régulier et modéré suffit presque toujours à assurer le succès. Il est donc inutile d'insister sur ce sujet préliminaire. Quelques explications seulement étaient nécessaires ; c'est pour les public schools et les universités que je réserve la minutie du détail. On trouvera peut-être que je l'ai poussée trop loin ; mais l'éducation qui est une œuvre si belle, si grandiose, m'a toujours paru se composer d'une foule de petites choses, de petits détails, de petites considérations en apparence très secondaires. C'est pourquoi je n'ai eu d'autre but ici que de former une mosaïque de faits, en rangeant côte à côte ceux que j'ai pu recueillir *de visu*.

J'étudierai d'abord les public schools du Royaume-Uni : Eton — Harrow — Rugby — Wellington — Winchester — Marlborough — Charterhouse — Westminster, etc., puis les grandes écoles catholiques; enfin les universités, et plus spécialement Oxford et Cambridge. On trouvera ensuite des considérations sur les problèmes scolaires en présence desquels nous nous trouvons en France, et que le système anglais modifié et approprié à notre race pourrait aider à résoudre.

C'est du moins ma conviction.

Cette fois, toutes mes préfaces sont achevées et nous allons prendre le chemin de fer pour Eton. Je veux seulement consigner ici les noms de ceux qui m'ont plus particulièrement aidé dans ma tâche et auxquels je suis heureux de pouvoir envoyer de loin un souvenir reconnaissant : ce sont MM. Bowen (Harrow), Lee-Warner (Rugby), Cornish, Mitchel (Eton), du Boulay (Winchester), Thomas (Marlborough), Gunion Rutherford (Westminster), Cros legh (Cooper's Hill), R. Lee (Christ's Hospital), Norris (Edgbaston), Souter (Oscott), O'Hare (Beaumont), Liddon, Lane-Poole, Wilson-Lynch (Oxford), Sedley-Taylor, Waldstein (Cambridge), Arnold (Dublin).

A TRAVERS
LES PUBLIC SCHOOLS

ETON

Au pied de Windsor-Castle, la Tamise, qui se rend à Londres, glisse paisiblement dans l'atmosphère tiède et pure d'un soir de printemps. Si les « Etonians » voulaient bien lui en laisser la liberté, elle refléterait la silhouette imposante du château royal, les berges, la verdure et le pont qui relie Eton à Windsor. Mais elle a bien autre chose à faire qu'à refléter tout cela ; il lui faut porter les barques innombrables qu'on lui a confiées ; ne sachant rien refuser à ses jeunes tyrans, elle semble ralentir sa marche, retenir son souffle pour aider à leurs jeux..... Ceux-ci ne sont pas les premiers au bien physique et moral desquels elle a travaillé.

La course qui va avoir lieu ne présente pas un très vif intérêt ; il s'agit de deux équipages choisis dans les rangs des plus jeunes élèves du collège (*Lower Boys*). Aussi la navigation est demeurée libre, et les spectateurs, au lieu de rester massés sur les rives, sont eux-mêmes en bateau. Dans les grandes circonstances, le « captain of the boats » rend un décret par lequel la navigation est interdite : rien ne trouble alors la surface du fleuve. Le voilà, ce très illustre personnage, debout, bien posté pour voir les rameurs. Cela l'intéresse au point de vue du métier ; il détaille les muscles avec le coup d'œil exercé de l'éleveur escomptant les succès de ses poulains. La considération dont il jouit s'étend jusque dans la ville, et il est, en ce moment, le point de mire de bien des regards ; les petits surtout le contemplent avec une muette admiration : il leur apparaît comme un être d'une nature supérieure, une manière de demi-dieu. Pas très loin de lui, mais évidemment moins en vue, se tient le capitaine des Onze (les onze plus forts au cricket). Tous deux sont des hommes déjà formés, à la taille élancée, à la silhouette robuste.

Sur l'eau, un envahissement de bois vernis: périssoires légères, lourds chalands que l'on meut avec des perches, embarcations pour vieilles ladies, tout cela s'agite confusément, et, quand le signal se fait entendre au loin, un grand remue-ménage s'opère. On se serre contre les berges et l'on s'attache les uns aux autres pour ne pas dériver. Quelques pagayeurs circulent encore en quête d'un voisinage agréable, ainsi qu'un infortuné professeur qui cherche une place et fait force de rames pour arracher sa nombreuse famille au plongeon qui la menace, au cas où elle se trouverait sur le passage de la course... La piste est libre à présent et bientôt paraissent les bateaux, longs insectes courant sur l'eau avec leur huit pattes qui en éclaboussent à peine la surface. Derrière eux, la cohue se reforme instantanément, et voilà tout à coup les avirons qui se lèvent, en même temps qu'une acclamation retentit à l'ouïe des noms des vainqueurs.

Un peu plus tard, la longue rue d'Eton est balayée par un tourbillon humain; les bras et les jambes sont à tel point enchevêtrés qu'on ne voit pas comment chacun pourra reconnaître son bien dans tout cela. Au milieu, il y a deux garçons portés triomphalement sur les épaules de leurs camarades; ce sont deux des champions victorieux, auxquels on fait subir cette élévation au pavois appelée « hoysting ». Avec un vacarme infernal, l'étrange cortège défile devant les fenêtres du « headmaster ». Un proviseur français en mourrait d'apoplexie; celui-ci n'a sans doute rien trouvé à redire, car il n'a pas paru.

Le lendemain, il se trouve que tous n'ont pas été aussi sages que des images, ce qui d'ailleurs n'est pas surprenant. Imaginez que deux farceurs avaient cousu ensemble les robes de quatre spectatrices. Un grand les vit et les pinça : il prit leurs noms et celui de leur « tutor » et, après force excuses, délivra les prisonnières.

« Les petits vont le prendre en grippe, ce vengeur?

— Point du tout! Ils savent qu'il ne faisait que ce qu'il devait et s'était engagé à faire.

— Et quel châtiment recevront les coupables?

— La faute est grave : ils n'ont pas agi en

« gentlemen » vis-à-vis de personnes du dehors, ils vont être envoyés au docteur.

— C'est-à-dire?

— *Flogged* (fouettés). »

Eton a été fondé en 1440, par le roi Henri VI : des fenêtres de son palais le monarque pouvait voir ses jeunes protégés prendre leurs ébats dans les prés qui forment à présent le parc du collège : parc ombreux et magnifique, qui encadre dignement les vieilles murailles; une eau limpide y court entre des berges de gazon sous un feuillage épais, dont le rideau s'entr'ouvre pour laisser voir Windsor, sa longue façade et sa grosse tour ronde. Ouvert aux promeneurs même quand les élèves y jouent, le parc donne sur la campagne presque sans clôture; la Tamise le baigne d'un autre côté; les bâtiments s'élèvent autour de deux grandes cours : dans l'une (*outer quadrangle*), la statue en bronze du fondateur; l'autre contient à l'heure actuelle un peloton de grands garçons qui font l'exercice sous le regard d'une vieille moustache grise : ce sont des volontaires.

Eton renferme à peu près sept cents élèves :

là-dessus il y a soixante-dix internes, qui relativement ne coûtent pas cher à leurs parents (20 livres [500 fr.] par an seulement), Henri VI ayant pris soin d'y pourvoir. Ces places sont obtenues au concours; mais le singulier, c'est que les riches ne s'abstiennent nullement de faire concourir leurs enfants à cause du grand honneur que recueillent les lauréats. La fondation ne manque-t-elle pas ainsi son but et ne serait-ce pas mieux d'en limiter les bénéfices à ceux auxquels elle peut être vraiment utile? Certains sont de mon avis; mais généralement on m'assure que je méconnais le caractère de l'institution. Le concours doit être libre, et il importe de ne pas créer dans l'école une catégorie qui serait nécessairement dédaignée par les autres élèves : ils payent moins cher; c'est la récompense de leur succès; il ne faut pas que ce privilège les signale comme appartenant à des familles pauvres.

Nous venons de jeter un coup d'œil dans le grand réfectoire où dînent les internes; c'est une vaste salle pleine de lambris sculptés, d'armoiries et de vitraux. Mon jeune conducteur m'invite à l'accompagner *chez sa dame :*

« Come to my dame, » ce qu'en français vulgaire on traduirait par : « Venez voir la patronne. » Je le suis ; la maison est tout près : dans un gai parterre s'élève le bâtiment de briques sur lequel est tendu un rideau de plantes grimpantes ; nous entrons dans le salon, élégamment rempli de ces babioles dont le goût passe de France en Angleterre. J'attends la dame, qui se montre enfin... c'est un homme aimable et distingué, lequel ne tarde pas à songer que je désire peut-être visiter la maison ; en quoi il ne se trompe pas.

Elle contient une trentaine d'élèves ; j'ai l'insigne honneur de faire la connaissance de leur capitaine, l'aîné d'entre eux qui est chargé de surveiller, de maintenir le bon ordre. Dans un corridor lambrissé de sapin, un petit garçon monté sur un tabouret est occupé à fixer au mur une notice par laquelle il informe « tout le monde » qu'il a perdu un porte-crayon en or et prie celui qui le trouvera de le lui rapporter. Sur ce corridor donnent les chambres ; elles ne sont uniformes ni de taille ni de disposition, et surtout la manière dont elles sont décorées varie beaucoup. Hier, dans un autre

« boarding house », j'allais voir un garçon de ma connaissance sous la conduite de la fille du professeur, qui est entrée avec moi et a fait un bout de causette; mon jeune hôte revenait du cricket et avait eu l'étonnante idée de se laver les mains, et le toupet de demander de l'eau chaude, encore! Comme c'est efféminé! Que voulez-vous? Les Anglais se sont aperçus que, quand on ne donnait pas d'eau chaude aux enfants, les enfants ne se lavaient pas. Cette maison était celle d'un « tutor »; celui qui reçoit des pensionnaires sans leur donner de leçons, ni s'occuper de leur travail, est appelé « dame » : voilà l'explication.

Il y a, en Angleterre, toute une littérature scolaire; la raison en est simple : les élèves des *public schools* ont passé là le plus heureux temps de leur vie; ils n'ont garde de l'oublier et ils aiment à en retrouver une image fidèle, dans les récits faits par leurs anciens condisciples; ajoutez que cette existence joyeuse, animée et libre fournit matière aux auteurs. Sur la table de la « dame » il y avait précisément un gros volume dont la reliure portait l'écusson d'Eton; j'ai sollicité et obtenu la faveur d'y jeter un coup d'œil; cela se lisait aisément, étant écrit d'un style simple et sans prétention; on y trouvait l'analyse des impressions d'un *Eton-boy* depuis son entrée au collège jusqu'à l'adieu au *head master* le matin du dernier départ. En voici un spécimen : « Empilés dans le train de retour à la rentrée d'octobre, ces jeunes messieurs n'ont vraiment pas l'air désolés d'avoir quitté leurs familles; ils se racontent leurs exploits de l'été, non sans quelques embellissements peut-être; on interroge les nouveaux, on fait des projets pour l'année qui vient; quand Windsor approche, c'est à qui distinguera le premier les clochetons du vieux collège. Les voitures roulent bientôt sur la route et s'arrêtent devant la porte désignée : le vieux maître d'hôtel est accablé de questions et, ne pouvant répondre à tous à la fois, prend son air le plus bougon; chacun monte à sa chambre et l'installation se fait au milieu d'un grand bousculis. Et le lendemain matin, à peine avez-vous eu le temps de vous reconnaître qu'on frappe à votre porte. « Entrez! » C'est le trésorier zélé qui recueille les adhésions pour le *foot-ball.* »

Celui-là est le premier et le plus passionnant des sports d'hiver; puis viendront les combats homériques à boules de neige, les longues courses sur la glace, les chasses aux petits papiers dans la campagne, et enfin, avec le printemps, le cricket, le canotage et la natation. « Quand il considère toute cette perspective de choses à faire en plus de son travail quotidien, l'*Eton-boy* n'a-t-il pas vraiment le droit de se dire un homme très occupé?... » Et ainsi les années s'écoulent jusqu'à la dernière, pendant laquelle on jouit de tous les privilèges de l'autorité. Appelé chez le « docteur » le jour où il devient un élève de la *sixth form* (la première classe), X. entend le speech suivant : « Vous savez quels sont vos nouveaux devoirs; vous vous engagez à mettre un terme à tout ce qui ira mal sitôt que vous en aurez connaissance, à user de toute votre influence pour le bien et surtout à donner le bon exemple partout. » Ce qui inspire au nouveau chevalier — car n'est-ce pas une sorte de chevalerie, cette classe dans laquelle on entre avec une

pareille mission? — les réflexions suivantes :
« Qu'un garçon devienne jaloux de son *honneur* et sente qu'il a un rôle à jouer, une position à garder, cette idée-là influera plus sur lui que toutes les leçons et tous les exemples que ses maîtres pourraient lui prêcher. » En effet, à mesure qu'il s'élève dans l'école, il y est traité avec une considération croissante; ce qu'il a à dire est de plus en plus écouté; il se sent devenir l'auxiliaire du maître, et, voyant son importance croître, il se rend compte de la responsabilité qui en découle et prend soin de se bien conduire. Il ne devient pas fat, parce qu'il ne jouit pas là d'une faveur exclusivement réservée à une élite : de quoi se glorifierait-il? C'est l'âge, ce n'est pas le succès qui attire l'honneur d'une telle situation; on sous-entend que le bon sens, la raison, le caractère doivent croître avec l'âge, et le sous-entendu le force à montrer par sa conduite qu'en effet il en est ainsi. D'autre part, les droits qu'exercent ces jeunes gens sont, en eux-mêmes, assez vagues, assez peu définis pour que ceux qui en jouissent comprennent que tout dépend de la façon dont ils les exer-

cent, et dont ils usent de leur influence sur leurs camarades ; par conséquent ils y vont prudemment et prennent garde de ne pas dépasser la mesure.

Un épisode qui a disparu aujourd'hui de la vie des *Etonians*, c'est « l'oppidan dinner », banquet par cotisation qui se donnait au commencement de l'été, au White-Hart, la célèbre auberge de Windsor. Y assistaient : les équipages des *upper boats*, les onze champions du cricket et les *sixth form*, en tout une cinquantaine. La cotisation était d'une livre environ (25 francs). — Le curieux de la fête, c'est qu'elle était coupée en deux par une course hygiénique. Les autorités du collège, feignant d'ignorer une réunion qui ne bénéficiait que de leur tolérance, ne dispensaient pas de l'appel ceux qui y prenaient part. Sitôt donc la partie substantielle du repas achevée, les invités dégringolaient la montée de Windsor et enfilaient en courant le chemin d'Éton, où ils arrivaient à temps pour répondre : « Présent »; après quoi, ils retournaient à l'hôtel pour y trouver le dessert servi et le vin des toasts prêt à mousser dans les verres. Ces toasts étaient fort longs. Le capitaine des Rameurs, qui présidait, portait la santé de la Reine, du prince de Galles et de la famille royale, en l'honneur desquels on chantait le « God save the Queen »; il portait ensuite la santé de son successeur, désigné pour l'année suivante : échange de compliments réciproques. C'était alors le tour du *cricket*, puis du *foot-ball*, chaque toast étant suivi de chansons. Pour finir, on souhaitait au collège la réalisation de sa vieille devise : « Floreat Etona. »

J'ai vu Eton un peu par tous les temps et dans toutes les saisons; jamais je ne l'ai vu plus brillant qu'au lendemain du Jubilé de 1887. La Reine, revenant de Londres, descendit du train à Slough, afin de traverser le collège et d'y recevoir une adresse des maîtres et des élèves. Pour accueillir dignement la descendante du fondateur d'Eton, rien n'avait été épargné : drapeaux et guirlandes ornaient les fenêtres, accompagnés d'inscriptions latines et grecques convenant à cet asile des lettres; Virgile, Horace, Homère y étaient représentés par des citations appropriées à la solennité du jour. Les *horse-guards* gardaient l'entrée des rues transversales ; les aînés du collège, en uniforme de volontaires, se tenaient au pied de la voûte ogivale sur laquelle, au premier signal, allait être hissé l'étendard écartelé. Devant la façade principale une grande estrade avait été dressée : les professeurs s'y tenaient en costume académique avec des écharpes rouges sur leurs toges noires et à côté d'eux les élèves; les petits, en chapeau haut de forme et veste courte, avaient une apparence très correcte. — Et vraiment c'était un beau spectacle celui de ces vieux bâtiments vénérables, de ces murailles crénelées, de ces portiques en tenue de fête, et ce dôme incomparable de verdure répandant sur la place une douce fraîcheur et une sorte de lumineux crépuscule.

De très loin arrivent maintenant des roulements continus signalant l'approche du cortège : ce sont les gens des campagnes environnantes qui acclament; la musique joue; les assistants sont debout; on apporte l'adresse, qui est en parchemin, enluminée comme une page de missel; les armoiries d'Eton y figuront avec celles de la Reine; enfin paraissent les voitures attelées de chevaux gris en daumont, et les livrées rouges..... Le même soir, une procession aux flambeaux déroula ses lacets de feu sur la terrasse de Windsor. Les *Eton-boys* chantèrent leurs vieilles chansons et groupèrent leurs torches de façon à dessiner en lettres lumineuses le monogramme royal. Professeurs et élèves acclamèrent à l'envi la représentation de leur patrie venant de passer à travers ce triomphe qui s'est appelé le Jubilé; et leurs acclamations étaient sincères autant que désintéressées : le collège d'Eton est autonome, riche, puissant, maître de ses destinées; il n'a rien à attendre de la couronne, à laquelle il n'a d'ailleurs rien à demander.

HARROW

Harrow-on-the-Hill est situé sur la ligne de Birmingham, à 15 minutes de Londres, au milieu d'une contrée fraîche et verdoyante. C'est une très petite ville, dont les maisons s'étagent sur les flancs de la colline qui lui donne son nom.

L'école est libre, bien entendu, non subventionnée, mais dotée jadis par son fondateur, pourvue par conséquent d'un domaine héréditaire comme la majorité des collèges anglais : parfois leurs revenus sont très considérables; ici ils ne s'élèvent guère qu'à £ 1100 (27 500 francs). L'administration est confiée à un conseil de 6 membres, qui se recrutent par élection et principalement parmi les grands propriétaires du voisinage; c'est à eux qu'il appartient de nommer le *head master* et d'introduire dans les règlements les modifications importantes. Le *head master*, une fois nommé, est presque considéré comme inamovible et jouit de l'autorité la plus étendue.

Les ressources du collège comprennent ensuite le produit des pensions; les tarifs sont de deux sortes; tous les élèves se trouvent répartis chez les professeurs : 10 de ces derniers sont à la tête de grandes maisons (*large houses*) et logent chacun environ 30 enfants; il y a aussi 7 autres maisons plus petites, pouvant contenir chacune 9 enfants; mais les prix sont sensiblement les mêmes dans les deux cas, c'est-à-dire 88 ou 90 livres (2200 ou 2000 francs), plus un droit d'entrée de 10 livres (250 francs) une fois payé. Ce sont là des dépenses d'entretien comprenant logement, nourriture, éclairage, blanchissage, etc. Reste l'enseignement; ces taxes-là, rangées avec les taxes accessoires sous la dénomination de *school terms*, se subdivisent de la façon suivante :

Enseignement public et frais généraux.	£ 30 (750 fr.).
Enseignement privé..................	£ 15 (375 fr.).
Infirmerie et *Building Fund*.........	£ 1,10 (37 fr. 50).
Musique...........................	Sch. 12 (15 fr.).
Piscine............................	Sch. 10 (12 fr. 50).
Bibliothèque.......................	Sch. 6 (7 fr. 50).
Droit d'entrée.....	£ 6 (150 fr.).

Ce qui fait que la dépense totale obligatoire d'un écolier de Harrow est d'environ 3500 fr. par an et pas loin de 4000 la première année.

Ces recettes suffisent tout juste à équilibrer le budget et ne peuvent en tout cas couvrir les dépenses extraordinaires, telles qu'agrandissements ou constructions nouvelles. Mais alors on fait appel au dehors et les donateurs ne manquent pas ; la générosité des anciens élèves ne s'est jamais démentie ; elle provient du sentiment très intense qui les rattache à leur vieille école. Mais ils ne se bornent pas à lui venir en aide dans les moments difficiles; ils fondent des prix annuels et des bourses. Il y a 6 médailles d'or, dont l'une, de la valeur de £ 10 (250 fr.), fondée par Robert Peel pour le discours latin, a été gagnée récemment par son petit-fils.

Les bourses (*scholarships*) sont toujours

mises au concours : ce ne sont pas les parents que l'on prétend récompenser en se chargeant de l'éducation de leurs enfants, et leurs titres à eux ne sont point pris en considération : c'est aux enfants eux-mêmes à mériter ces avantages et ensuite à les conserver. Car les bourses peuvent être retirées si la conduite et le travail cessent d'être satisfaisants. Intellectuellement autant que physiquement, l'idée de sélection domine dans l'éducation anglaise ; tout semble organisé en vue d'une minorité d'élite.

Il y a 6 ou 7 *scholarships* variant entre 750 et 2000 francs par an ; on les met au concours chaque année pour les candidats âgés de plus de quatorze ans. En outre les « Harrovians » peuvent conquérir des bourses qui leur permettent de passer trois ou quatre années à Oxford ou à Cambridge ; il y en a 15 variant entre 800 et 2500 francs et provenant de dons et de legs ; souvent le donateur a indiqué lui-même le genre de sujet qui doit être proposé pour le concours.

Les 520 élèves que compte (en 1886) Harrow-school sont répartis en 420 pour le *classical side* et 100 pour le *modern side*.

Le *classical side* est divisé de la sorte :

```
60 élèves pour la 1re classe, sixth form (la plus haute).
120    —         —    2e    —  fifth form & upper remove.
60     —         —    3e    —  low remove.
120    —         —    4e    —  shell.
60     —         —    5e    —  fourth form.
```

Les classes sont elles-mêmes fractionnées.

Le *modern side* est divisé d'une façon analogue. — On ne peut être admis dans l'école avant douze ans ni après quinze; de plus, il faut, pour y rester, avoir atteint, à seize ans, le *shell*; à dix-sept, l'*upper remove*; à dix-huit, la *sixth form*.

Ces classes correspondent assez peu aux nôtres; elles forment bien une sorte d'escalier dont on franchit les marches successivement, mais elles ne constituent pas un ensemble d'études, un cours complet et bien défini; on peut passer de l'une à l'autre par des examens qui ont lieu deux fois par an; et bien qu'en pratique cela se fasse rarement, cette seule possibilité écarte l'idée d'une série de matières déterminées qu'il faille parcourir pendant l'année scolaire d'ailleurs très réduite par les vacances : 3 semaines à Pâques, 7 dans l'été, 5 à Noël. C'est en somme le plus adroit, celui qui retient le mieux, qui avance le plus vite; on ne s'inquiète guère de son âge que comme minimum.

En plus, il y a des examens d'entrée; on demande de traduire des passages d'auteurs latins et grecs, tels que César, Xénophon, Homère, Virgile, Cicéron..., de faire quelques lignes de thème latin, de montrer des connaissances générales en histoire et en géographie. En arithmétique, il faut savoir les quatre opérations, les fractions ordinaires et décimales, les règles d'intérêt; enfin il y a une version facile en français et en allemand. Si les nouveaux venus sont forts en vers latins ou quelque peu avancés en sciences naturelles, algèbre ou géométrie, il leur en est tenu compte.

Tel est le programme pour ceux qui suivent la *classical side*, et c'est la majorité. Le *modern side*, dans lequel les langues mortes ne tiennent plus qu'une très faible place, est une innovation destinée à satisfaire les exigences nouvelles; on n'a pas jugé à propos de bouleverser un beau jour tout le système d'enseignement pour en chasser brusquement ce qui avait vieilli. L'examen d'entrée pour le *modern side* porte surtout sur les mathématiques (algèbre et les deux premiers livres d'Euclide) et contient en outre du français et un peu de latin.

Ces programmes sont très intéressants à rapprocher de ceux qui seront présentés, quelques années plus tard, aux candidats universitaires; on est vraiment surpris du peu de choses que les jeunes gens sont censés avoir appris pendant ce laps de temps, comparé à tout ce qu'on leur demande à leur entrée à l'école. L'enfant travaille à proportion plus que l'adolescent. A mesure qu'il grandit, on semble délaisser un peu la culture intellectuelle au profit du corps et du jugement; il s'agit de former l'un et l'autre. Il a commencé par être très libre et pousser à l'air; puis, entre huit et douze ans, on l'a fait apprendre et travailler beaucoup pour ensuite faire succéder une période d'éducation à cette première période d'instruction.

Ces renseignements me sont donnés par

l'aimable M. B..., dans le joli salon de son
« boarding house »; comme l'heure de son
cours approche, il va prendre la coiffure académique (le singulier petit bonnet plat que
tout le monde connaît) et nous sortons ensemble. Des deux côtés de la route qui circule
aux flancs de la colline et traverse le bourg, il
y a des bâtiments disséminés; c'est dans un
de ces batiments que nous entrons; les garçons qui composent la classe, assez restreinte
du reste, arrivent de divers côtés; il y en a un
groupe devant la porte; ils viennent parce que
« c'est l'heure », sans qu'aucune cloche, sans
qu'aucun pion leur en aient donné le signal.
La classe ressemble aux nôtres; même chaire
et mêmes bancs où toutefois les élèves se placent à leur gré; même tableau noir pour recevoir leurs confidences à la craie; en plus,
des cartes de géographie et des gravures
pour égayer les murailles. Ils sont là une
quinzaine, grands et petits, classés bien plus
selon leur force que selon leur âge; point
d'uniforme, cela va sans le dire. Je m'installe en face d'eux, ce qui ne les trouble
pas, et je me demande ce que deviendrait

une classe française si un étranger y venait assister.

Il s'agit d'histoire de France à l'époque du règne de François Ier; les élèves ont eu à préparer la leçon par avance dans..... Michelet! M. B. fait apprendre l'histoire de France en français; c'est un peu l'idée qui inspirait chez les jésuites l'étude de la grammaire latine en latin. — Ce qui frappe au premier coup d'œil, c'est l'expression calme, paisible, qui rayonne sur tous ces fronts; on ne voit pas de ces figures chiffonnées et presque flétries qui abondent dans nos écoles; ici, c'est la santé débordante et la grâce que donne la vigueur. — Ils écoutent ou n'écoutent pas, mais s'ils sont parfois distraits, ils ne sont nullement dissipés. Presque tous ont un cahier et un crayon pour prendre des notes. D'autres s'en fient à leur mémoire. — Le professeur cause avec eux, les interrogeant quand leurs réponses ne le devancent pas; il ne craint pas les digressions, surtout celles qui peuvent amener à parler d'un autre règne contemporain, montrer la concordance des faits et des dates... Mais les réponses sont parfois des lambeaux de phrases pris tout entier dans Michelet; l'idée que François Ier était comme « prisonnier » dans sa cour, laquelle l'isolait de ses sujets, semble les avoir frappés, car tous, à peu près, l'expriment à la fois.

Nous rentrons ensuite pour le *luncheon*. La maison de M. B. est un pavillon entouré d'arbres. Au rez-de-chaussée est son appartement particulier, son cabinet, sa bibliothèque... Dans le vestibule, une série de dépêches affichées au mur; ce sont 3 élèves qui ont entrepris d'aller d'Oxford à Cambridge à pied! ils avaient parié le faire en un temps déterminé, et ces télégrammes signalent leur passage sur la route. — Environ 25 élèves dans la salle à manger, grande salle à deux rangs de tables; sur les poutres du plafond, un jeune amateur de peinture a représenté des fleurs et des arabesques; le service est fait par deux domestiques en livrée brune très simple; comme menu, le *joint* (du mouton rôti) avec des légumes et un plat sucré : on boit de l'eau, de la bière, du lait, du vin à volonté. Les convives causent d'une façon animée, mais sans éclats de voix et sans la moindre apparence de désordre; mon voisin demande les dernières nouvelles du bill Gladstone; ils ne prennent sans doute pas un très vif intérêt aux finesses parlementaires, mais se tiennent à peu près au courant en jetant de temps à autre un coup d'œil sur les journaux. Ceci a son importance, parce que l'on dit couramment, en France, que la vie athlétique qu'ils mènent retarde leur développement intellectuel. Après la prière chacun s'en va où bon lui semble; en passant, je visite beaucoup de chambres d'élèves; quelques-uns viennent d'y rentrer et m'en font eux-mêmes les honneurs; elles sont très petites, mais toutes donnent sur les jardins et quelques-unes ont une jolie vue. Le lit replié contre la muraille est pendant le jour recouvert d'une housse. Tous, ils ont des portraits, des gravures, des panoplies, mille petits bibelots rapportés des vacances ou de quelque voyage; leurs sœurs leur ont brodé des dessus de cheminée, des coussins; ils ont un fauteuil ou un *rocking-chair* et une petite table; c'est là qu'ils font leurs devoirs; après cela rien ne les empêche d'emporter leurs dictionnaires et un encrier au bord d'un ruisseau ou au sommet d'un arbre... chez plusieurs, il y a des fleurs; l'un a garni toute sa cheminée de roses.

A chaque porte est un petit carré vitré pour voir si les lumières sont éteintes après 10 heures; voilà la grosse question! avec ces chambres séparées il faut une surveillance nocturne étroite. En réponse à mes questions, le « master » me dit : 1° qu'il travaille assez tard le soir et fait toujours une ronde tantôt avant, tantôt après minuit, en tout cas dans la première partie de la nuit, « la seule dangereuse »; 2° que les élèves ont très peur de lui. Mais cela n'est pas tout! Une ronde et la crainte d'être pincé! Cela ne suffirait pas. Il y a une autre raison que M. Taine et je pense tous ceux qui ont étudié l'éducation anglaise ont bien comprise. Les « boys », quand vient la nuit, ont envie de dormir; ils sont fatigués, éreintés de tous ces exercices physiques, et puis le grand air, le mouvement pacifient leurs sens et leur imagination; ils s'endorment en songeant aux sports du lendemain. Tout cela est une sauvegarde bien plus puissante encore qu'on ne le suppose au premier abord et qui s'exerce en premier lieu contre la corruption pour l'empêcher d'entrer et ensuite contre la corruption accidentellement entrée pour l'empêcher de s'étendre. Aussi quelle importance les professeurs attachent au *cricket* et au *foot-ball* (ballon). En voici un qui est un homme mûr, sérieux, zélé, regrettant que l'instruction ne soit pas encore assez développée à son gré, trouvant le niveau des études trop faible... et qui pourtant me dit avec une singulière énergie en me parlant des grandes parties de cricket qui ont lieu trois fois par semaine : « J'aimerais mieux cent fois leur faire manquer deux classes qu'une seule de ces parties. » Le mot récréation, il ne le comprend pas : ce serait un répit accordé pour causer entre deux classes. Mais les jeux font partie du programme. C'est encore de l'étude! Ici, on cherche aussi à intéresser l'élève, à le captiver, à le passionner; mais ce ne sont pas Alexandre et César que l'on propose à son enthousiasme; un tel enthousiasme est factice et malsain. Dans les jeux il n'y a pas seulement l'exercice physique, il y a l'émulation, un embryon de vie sociale, la discipline qui naît tout naturellement de l'obligation du commandement et de l'obéissance ; il y a tout cela !

Je mets sur le tapis la question des brimades. Qui ne connaît l'axiome favori de la génération qui nous a précédés : les brimades forment le caractère. Cela se répétait à propos de l'école militaire et du régiment, mais aussi à propos des collèges ; vers la même époque, il y avait ici une quantité de brimeurs dans les *public schools* : l'opinion publique leur était-elle aussi favorable que chez nous ?

Eh bien ! non. Les Anglais, qui estiment si haut tout ce qui est viril (*manly*), pensent que les brimades, loin de former, déforment le caractère. Brimer un enfant, disent-ils, c'est meurtrir une jeune plante et l'empêcher de prendre le dessus ; cela n'est bon qu'à rendre l'enfant craintif ou brutal à son tour ; cela donne une grande amertume à ses souvenirs ; cela ébranle ses nerfs et peut ruiner sa santé. Folie de croire que la violence et les coups peuvent guérir la sensibilité et la timidité et donner de l'énergie, du courage à celui qui n'en a pas. Rendre un enfant résolu et courageux par un entraînement raisonné, bien; mais quand on cherche à atteindre ce but en l'effrayant et en le rudoyant, on arrive à un résultat généralement tout opposé. « Tous les médecins sont d'accord pour constater combien la terreur, l'inquiétude, l'agitation sont choses néfastes aux natures ultra-nerveuses; après tout, les hommes ne sont pas tous pareils; est-ce qu'il n'y en a pas qui ont une intelligence étendue, beaucoup de force morale, qui peuvent rendre de grands services et être de bons citoyens et pourtant qui n'ont pas le *courage animal?*... Les jockeys sont plus sages en vérité que ceux qui prônent les brimades, car ils ne maltraitent pas les chevaux nerveux; et si un horloger réglait une montre avec un levier pesant, on lui dirait qu'il est un âne. Celui qui brime un enfant délicat pour le rendre robuste, n'est guère plus spirituel [1]. » Mais la plupart du temps ce but peut être atteint par l'entraînement de chaque jour. Écoutez ces

---

1. *Tom Brown's school days.*

conseils à un écolier : « Toutes les fois qu'une chose vous effraye, faites-la, à moins qu'elle ne soit déraisonnable ; ne perdez jamais l'occasion d'accomplir un effort pénible. Voyez-vous un grand arbre ? grimpez au sommet ; un fossé ? sautez-le ; une haie ? passez par-dessus... ne méprisez aucune fatigue ; il n'y en a pas d'inutile[1]. » Ceci ne peut passer pour efféminé, et un tel régime est susceptible de produire d'autres effets que toutes les brimades du monde.

Comment s'y est-on pris pour les faire disparaître ? Il y a cinquante ans en effet, les petits et les faibles menaient dans les *public schools* une existence assez misérable. Les professeurs discutaient entre eux les remèdes à apporter à cet état de choses, mais il y avait chez eux ce qu'il y a dans l'État anglais relativement à l'initiative privée... la crainte d'intervenir, d'empiéter sur elle ! Les parents d'autre part commençaient à se plaindre... il fut question de séparer complètement les élèves d'âge différent : mais il eût fallu les diviser selon leur force physique en même

1. *La Vie de collège en Angleterre*, par A. Laurie.

temps que selon leur âge; la chose est impraticable; on croit avoir fait merveille en France en agissant ainsi; on se trompe assurément. Alors les maîtres se mirent à l'œuvre avec une noble persévérance, pour amener les garçons à faire eux-mêmes la réforme; ils utilisèrent la force de l'opinion publique, encore plus puissante peut-être à l'école que dans le monde, et ils cherchèrent à la diriger dans une autre voie, à la retourner... cela a pris du temps, mais ils ont réussi.

Il est vrai qu'une chose y a puissamment aidé : c'est la disparition progressive du *fagging*, institution choquante, qui mettait les petits à la discrétion des grands et encourageait ceux-ci à la brutalité. Les *fags* (on l'était à tour de rôle) remplissaient près de leurs aînés un véritable service domestique; aujourd'hui ces derniers ont encore des *fags* sous leurs ordres, mais leur pouvoir ne s'exerce plus que dans des limites raisonnables.

C'est aujourd'hui *cricket match* et beaucoup d'élèves passent, tenant leurs *bats* : ils causent par groupes dans la rue, vont mettre des lettres à la poste, faire quelques emplettes, mais ne s'éloignent pas à cause de l'appel qui va avoir lieu. Les professeurs circulent au milieu de cette jeune population, et je remarque le caractère amical des relations qui les unissent à leurs élèves ; regards francs, paroles franches, manières franches. Il est évident que dans ce milieu les petites niches, les petits jeux, les petits bavardages ont une place très restreinte et que les enfants y sont plus semblables à des hommes.

L'appel a lieu dans la grande cour ; c'est une mesure habituelle rendue nécessaire par la grande liberté qui règne dans le collège : comment savoir autrement si tous sont là ! — Ils défilent en répondant « here » à mesure qu'on les appelle et s'en vont ensuite. Le bâtiment devant lequel se passe cette cérémonie est une construction gothique, reste de l'ancien collège fondé, je crois, par Élisabeth ; elle renferme une vaste salle aux boiseries décorées d'inscriptions et de hiéroglyphes ; chaque élève ou peu s'en faut a tracé là, avec la pointe d'un couteau, son nom parfois accompagné d'une date ; j'y lis avec respect ceux de

Sheridan, de Palmerston, de lord Byron, de Robert Peel à côté d'autres plus fraîchement inscrits, que peut-être la renommée soulignera demain. Cette salle sert parfois pour les examens; mais c'est surtout le lieu des exécutions, qui sont d'ailleurs assez rares.

La chapelle est un joli monument de bon goût; sur des plaques de marbre dans l'intérieur, sont les noms des élèves morts au collège; le dimanche, tout le monde doit assister au service, à moins que les parents n'aient exprimé un désir contraire. Non loin est la bibliothèque ouverte aux élèves, mais naturellement fréquentée surtout par les maîtres; de là on jouit d'une belle vue sur toute la contrée jusqu'à Londres, dont une brume épaisse indique l'emplacement. Sur le sommet de la colline est située l'église paroissiale, entourée de beaux arbres et d'un cimetière calme et recueilli d'où la vue est plus belle encore. C'est le site qu'aimait Byron quand il était à Harrow. Il passait des heures à contempler l'horizon, couché sur une tombe, très élevée, en vieux granit, et sous laquelle dort un inconnu du siècle dernier. Soit que le bruit ait couru que Byron était enseveli là, soit par simple souvenir de son passage, les touristes démolissaient peu à peu la tombe pour en emporter des fragments et l'on a dû l'entourer d'une cage à barreaux de fer. Je ne sache pas que le grand poète ait eu de nombreux imitateurs parmi ses condisciples : au reste, en partant du paradis, Byron avait certainement pris par erreur un billet pour l'Angleterre, croyant descendre en Italie.

Laissant de côté les *swimming baths*, nous descendons vers les jeux. Il y a une grande salle pour les « racquets », espèce de paume avec de petites balles dures qui rebondissent sur les murailles. A côté, une rangée de « fives courts ». Mais ce sont là plutôt des jeux de mauvais temps. Dans l'atelier, quelques élèves travaillent sous la direction d'un menuisier-ébéniste et d'un forgeron-mécanicien. Ils peuvent ainsi apprendre les travaux manuels qui leur conviennent. Beaucoup s'y construisent des meubles, des rayons pour les livres, des étagères. D'autres, plus ambitieux, font de la serrurerie; l'un, plus habile encore, a construit une petite machine à vapeur qu'il vient de vendre. Il y a un vélocipède en train et une périssoire originale, dont la carcasse est recouverte de toile imperméable et qui s'aplatit pour être portée sous le bras, les bancs mobiles maintenant seuls l'écartement. Aujourd'hui, à cause du match, l'atelier est assez vide; mais on voit que les jours ordinaires l'ouvrage ne doit pas chômer.

En bas, dans la plaine, le *cricket* est commencé; le champ est d'une belle étendue et bien situé; au fond se dresse le petit pavillon du club; beaucoup de spectateurs à l'entour, les chemises blanches des joueurs tranchent sur l'herbe verte; la scène est très animée. — Cela durera ainsi jusqu'à 6 heures du soir.

RUGBY

Il y a deux livres dont les moindres détails devraient être présents à la mémoire de ceux qui vont visiter Rugby. L'un est le recueil des lettres de Thomas Arnold; l'autre est l'histoire d'un écolier appelé Tom Brown.

Il ne peut être question, en Angleterre, d'éducation sans que le nom de Thomas Arnold soit prononcé; après quarante-cinq ans, sa mémoire est encore vénérée comme au premier jour; on peut même dire davantage; car on a mieux compris à mesure que le temps coulait la grandeur de ses vues, la sagesse de ses réformes, et on a mieux obéi à l'impulsion qu'il avait donnée. — Ce qu'il était? Un simple clergyman à l'âme ardente, au zèle d'apôtre, mais dont on fut longtemps sans soupçonner le génie; le mot n'est pas trop fort, car Arnold avait véritablement le génie de l'éducation. Son regard perçant descendait au fond des âmes : il devinait les pensées; on ne pouvait rien lui cacher. Aussi, comme il s'entendait bien à conduire les enfants, à les façonner, à en faire des hommes. A cela il joignait une sorte d'influence magnétique qu'il exerçait sur tous ceux qui l'approchaient. Quand il devint en 1828 *head master* de Rugby, il commença par mécontenter tout son monde en entreprenant des réformes impopulaires; le niveau moral et social était alors très bas dans les collèges; il y avait beaucoup à faire. Mais en peu de temps, Arnold eut raison de toutes les préventions et il devint à tel point l'idole de ses élèves qu'ils se fussent jetés au feu pour lui plaire... et lorsque la mort vint pour lui, prématurée et inopinée, ce fut une stupeur, un anéantissement extraordinaire dans Rugby! Le monde scolaire allait-il continuer à vivre, à présent qu'Arnold ne l'animait plus!... oui. Arnold était resté quatorze ans à la tête de Rugby, et l'œuvre de ces quatorze années rayonnait déjà puissamment au dehors. Assurément les hommes qu'il a formés et qui ont été ses prospectus vivants, ont plus fait pour sa gloire que les plus éloquents panégyristes.

C'est l'un de ses plus fervents admirateurs, qui sans le désigner autrement que par ces mots : « le Docteur », l'a mis en scène dans *Tom Brown's School Days*. Ce joli roman, qui prend le petit Anglais presque au berceau pour le conduire jusqu'à l'entrée dans la vie et au mariage (voir *Tom Brown at Oxford*), est encore aujourd'hui dans toutes les mains. Sans doute l'élève y est fort bien dépeint, et chacun a pu retrouver dans ces pages quelque écho de sa propre existence; mais une bonne part du succès est due au talent avec lequel est tracée la figure du maître... Tels sont les deux livres qui vont nous servir de guides à travers Rugby; je ne puis mieux faire que de les citer tour à tour, car ils se complètent l'un l'autre.

Tom Brown est arrivé dans l'après-midi par le *coach* (il n'y avait pas encore les six lignes de chemins de fer qui viennent aujourd'hui se croiser dans l'immense gare de Rugby). Il n'a pas oublié ce que son père lui a dit en partant, une bonne parole d'encouragement, accompagnée du *shake hands* réglementaire! On n'embrasse plus un garçon qui entre dans un *public school*. La vérité est que le père de Tom Brown a hésité longtemps sur le genre de discours qu'il tiendrait à son fils. Lui parler des tentations qu'il trouvera sur son chemin? Il ne comprendra pas, cela fera plus de mal que de bien; lui recommander de devenir savant?... ce n'est pas pour cela qu'on le met au collège, ou du moins ce n'est là qu'une part du résultat qu'on souhaite. « Qu'il devienne seulement un brave, honnête, actif citoyen, se dit M. Brown; qu'il soit un gentleman et un bon chrétien, je n'en souhaite pas davantage. »

Le lendemain on jouait au *football*; dans la mêlée, un camarade de Tom a reçu un petit atout. Comme ils reviennent tous deux vers le collège, passe le capitaine, un grand qui a six pieds et qui l'année prochaine ira à l'Université. « Bravo, dit-il, mon garçon! vous avez bien joué; il faut vous guérir vite; on a encore besoin de vos services. » Le bras est déjà à moitié guéri par de telles paroles, et Tom eût donné ses deux oreilles pour avoir mérité un semblable éloge... Il est dans la *school house*, la maison du *head master*, qui contient à elle seule soixante élèves et diffère en cela des autres maisons; c'est comme un petit collège dans le grand. On couche dans des espèces de dortoirs où un præpostor surveille; les « præpostors [1] » sont désignés parmi les *sixth form*. En bas il y a les « Études » où l'on travaille; ce sont de très petites pièces que les élèves ont le talent de rapetisser encore par tout ce qu'ils y entassent; ce petit coin est leur sanctuaire; le maître en franchit le seuil le plus rarement possible et plutôt en visiteur qu'en surveillant.

Arnold n'est pas partisan de la surveillance étroite. « Je veux, dit-il, former des *christian gentlemen*, mon but est d'apprendre aux enfants à se gouverner eux-mêmes, ce qui est beaucoup meilleur que de les gouverner bien

[1]. Dans d'autres collèges on les appelle præfects ou monitors.

moi-même. » Parole profonde! digne d'être méditée par ceux qui entendent gouverner les collèges en autocrates, avec une main de fer. Le Dupanloup de l'Angleterre leur rappelle qu'ils se trompent sur le caractère de leur mission; elle ne consiste pas à former des esclaves, mais des maîtres, des maîtres souverains qui, bien plus tôt que la loi ne le reconnaît, se trouvent libres d'user et d'abuser de ce qui leur est soumis. Espérer leur soustraire cette souveraineté et le tenter, c'est dangereux! L'homme doit être ici-bas isolé, se sentir seul avec lui-même, connaître la puissance et le plus tôt possible être mis en présence de la responsabilité lourde qui est le contrepoids de tout pouvoir.

Ainsi pensait Arnold. Un jour que des troubles avaient nécessité le renvoi de plusieurs élèves et jeté le mécontentement dans les rangs devant toute l'école, il prononça ces paroles demeurées célèbres et qui sont tout un programme : « Il n'est pas nécessaire qu'il y ait ici 300, 100 ni même 50 élèves; mais il *est* nécessaire qu'il n'y ait que des *christian gentlemen.* » Cela répondait à une erreur de l'opinion publique alors répandue en Angleterre comme elle l'est aujourd'hui en France; on considérait les collèges comme des institutions destinées à corriger les mauvaises natures; détestable conception, qui ne peut faire d'un collège qu'une maison de correction et par conséquent un foyer de pourriture pour les enfants honnêtes qui s'y trouvent. Ce sentiment était si général, qu'à moins de fautes capitales les parents reconnaissaient à leurs enfants une sorte de droit à ne pas être chassés de l'école. Telle n'était pas la manière de voir d'Arnold, qui a écrit quelque part que « le premier, le second et le troisième devoir de tout directeur d'école était de se débarrasser (*get rid*) des natures stériles ». Les expressions sont dignes de remarque; ce n'est pas *chasser*, c'est se *débarrasser*, et l'adjectif « unpromising » ne restreint pas l'application de cette mesure à ceux qui se sont rendus coupables en quelque chose, mais à tous ceux qui ne profitent pas de leur séjour à l'école, parce que s'ils n'en profitent pas, ils empêcheront aussi les autres d'en profiter. Ce ne sera donc pas toujours une puni-

moi-même. » Parole profonde! digne d'être méditée par ceux qui entendent gouverner les collèges en autocrates, avec une main de fer. Le Dupanloup de l'Angleterre leur rappelle qu'ils se trompent sur le caractère de leur mission; elle ne consiste pas à former des esclaves, mais des maîtres, des maîtres souverains qui, bien plus tôt que la loi ne le reconnaît, se trouvent libres d'user et d'abuser de ce qui leur est soumis. Espérer leur soustraire cette souveraineté et le tenter; c'est dangereux! L'homme doit être ici-bas isolé, se sentir seul avec lui-même, connaître la puissance et le plus tôt possible être mis en présence de la responsabilité lourde qui est le contrepoids de tout pouvoir.

Ainsi pensait Arnold. Un jour que des troubles avaient nécessité le renvoi de plusieurs élèves et jeté le mécontentement dans les rangs devant toute l'école, il prononça ces paroles demeurées célèbres et qui sont tout un programme : « Il n'est pas nécessaire qu'il y ait ici 300, 100 ni même 50 élèves; mais il *est* nécessaire qu'il n'y ait que des *christian gentlemen.* » Cela répondait à une erreur de l'opinion publique alors répandue en Angleterre comme elle l'est aujourd'hui en France ; on considérait les collèges comme des institutions destinées à corriger les mauvaises natures ; détestable conception, qui ne peut faire d'un collège qu'une maison de correction et par conséquent un foyer de pourriture pour les enfants honnêtes qui s'y trouvent. Ce sentiment était si général, qu'à moins de fautes capitales les parents reconnaissaient à leurs enfants une sorte de droit à ne pas être chassés de l'école. Telle n'était pas la manière de voir d'Arnold, qui a écrit quelque part que « le premier, le second et le troisième devoir de tout directeur d'école était de se débarrasser (*get rid*) des natures stériles ». Les expressions sont dignes de remarque ; ce n'est pas *chasser*, c'est se *débarrasser*, et l'adjectif « unpromising » ne restreint pas l'application de cette mesure à ceux qui se sont rendus coupables en quelque chose, mais à tous ceux qui ne profitent pas de leur séjour à l'école, parce que s'ils n'en profitent pas, ils empêcheront aussi les autres d'en profiter. Ce ne sera donc pas toujours une punition, mais souvent un simple avertissement, une prière aux parents de reprendre l'enfant, toujours la sélection…. une phalange supérieure et peu nombreuse rend infiniment plus que la médiocrité très répandue.

Ce fut un grand événement dans la vie de Tom Brown, le premier dimanche qu'il entendit le Docteur parler à la chapelle; il fut remué profondément par quelque chose dont il ne se rendait pas bien compte, mais qui, dans la suite, lui revint sans cesse à l'esprit et principalement quand il eut à choisir entre le bien et le mal…. Des plumes plus éloquentes que la mienne ont décrit cette scène…. le vieux pupitre de chêne s'élevant tout seul au centre, dominant les bancs, cette grande figure habillée de noir, ce regard pénétrant, cette voix tantôt charmeuse, tantôt claire et sonnante. Il était là chaque dimanche, plaidant la cause de Dieu… et, de chaque côté, les longues rangées de figures attentives, depuis le petit garçon qui venait de quitter sa mère jusqu'au jeune homme qui allait, le terme prochain, entrer dans le « wide world »,

heureux de faire emploi de sa force. C'était
un grand et solennel spectacle surtout, à
l'hiver, quand les quelques flambeaux épars
dans la chapelle répandaient sur toutes ces
choses une sorte de lueur crépusculaire, qui
allait se perdre dans les ténèbres de la voûte...
C'est aussi par une froide soirée de novembre
que j'y pénètre : l'édifice a été presque entiè-
rement reconstruit dans un très beau style;
mais, là-bas, au pied de l'autel, il y a toujours
la grande dalle blanche avec ce seul nom :
Arnold, qui en dit plus que toutes les épitaphes
phrasées. Une voix jeune et hésitante s'élève,
prononçant des versets de psaumes : c'est un
petit blond à la mine de chérubin qu'on exerce
à lire à haute voix; le maître suit dans un
livre, corrigeant les mauvaises inflexions ou la
prononciation défectueuse; plus loin, deux
grands garçons, en costume de flanelle
blanche, écoutent immobiles et silencieux.
Dans le transsept de gauche, une tombe est
évidée dans le mur; c'est le monument élevé
à Arnold et sur lequel il est représenté,
étendu, les mains jointes, grand, mince, nerveux : c'est bien ainsi qu'on se l'imagine;

mais cette physionomie n'était point faite pour
était taillée dans la pierre rigide.

Son esprit était infatigable dans ses recherches et il s'usait à penser ; dans son regard brillait ce feu du travail qu'il savait communiquer aux autres. Comme s'il eût eu le perpétuel pressentiment d'une fin prématurée, il se hâtait dans sa course et prenait soin d'écarter de lui les inutilités. « La vie, disait-il à propos d'un amateur de plantes rares qui passait son temps à en collectionner, la vie n'est pas assez longue pour que l'on puisse s'intéresser tellement à des choses en elles-mêmes si insignifiantes. » Si l'on cherche des mots brefs et significatifs pour résumer son système, on trouve les suivants : douceur, confiance, fermeté. — C'est le « suaviter et fortiter » bien souvent cité, parfois mis en pratique, mais jamais de la façon dont l'entendait le Docteur. (Désignons-le par ce nom, qui rarement, à Rugby, fut prononcé autrement qu'avec respect et affection.) Il y avait des fautes qu'il ne punissait pas du tout, qui n'attiraient de sa part que des explications ou de très légers reproches : c'étaient celles qui lui paraissaient en quelque sorte au-dessus de ce qu'on est en droit d'exiger d'un enfant; il faisait alors venir le coupable, le mettait en garde contre une semblable occasion pour l'avenir et lui « exposait » comment il y devait résister. Bien souvent celui-ci s'était présenté pour être fouetté ou croyant l'être : il ressortait comme devant, plus embarrassé que s'il eût enduré le réel châtiment qui, aux yeux des Anglais, lave toute offense.

« Vous vous repentirez rarement, a dit Arnold, d'avoir employé la douceur... Si l'enfant est sincère et droit, quelque léger et dissipé qu'il puisse être, il ne fera pas de mal aux autres; il ne se vantera pas de s'être mal conduit, ce qui constitue le principal danger. » En effet ce n'est pas tant la faute en elle-même qui est inquiétante (Dieu nous préserve des enfants impeccables ! disait Fénelon) que la faveur avec laquelle elle peut être envisagée par les camarades. Or pour que la résistance à l'autorité ne devienne pas glorieuse, le meilleur moyen n'est-il pas de faire résider l'autorité ou une part d'autorité dans le milieu même d'où pourrait venir la résistance ? C'est le principe anglais : obtenir la stabilité en intéressant le plus de personnes possible au maintien de ce qui est. Transporter l'application d'un pareil principe dans une société d'enfants, c'était à coup sûr bien hardi. Arnold n'hésita pas. « Je ne puis, dit-il, admettre ni en théorie ni en pratique le système en vigueur dans nos *public schools* et qui tend à laisser tant d'indépendance aux enfants, si les élèves de la classe supérieure ne servent pas d'intermédiaires entre les maîtres et le reste de l'école, et ne peuvent transmettre ainsi aux autres par leur exemple et leur influence de bons principes de conduite, au lieu des principes très imparfaits qui règnent généralement dans une société d'enfants laissés libres d'estimer eux-mêmes le bien et le mal. » — Pour lui les élèves de la *sixth form* (la plus haute classe) et plus spécialement les præpostors investis du pouvoir étaient comme des « officiers dans les armées de terre et de mer », et il ajoutait: « Quand j'ai confiance en eux il n'y a pas de poste en Angleterre que je voulusse accepter en place de celui-ci; mais, s'ils ne me soutiennent pas, je dois me retirer. » Ne croirait-on pas entendre le chef d'un État constitutionnel parlant de ses ministres ?

La confiance était la loi fondamentale de ce système : il prenait grand soin, aidé en cela par son tact et sa délicatesse naturelle, de faire le plus possible agir les enfants au lieu d'agir lui-même pour eux, de les traiter en « gentlemen », de les forcer à se respecter par le respect qu'il leur témoignait, de leur rappeler à toute occasion qu'il se fiait à leur esprit de conduite, à leur raison, à leur honneur ! Par exemple, un mensonge était à ses yeux une offense capitale, punie, dès que la chose était prouvée, par une expulsion immédiate. Jamais il n'avait l'air d'épier ni de soupçonner même les plus jeunes ; et, quand on voulait, après avoir affirmé un fait, le prouver d'une manière quelconque, il avait une façon de vous couper la parole et de vous dire : « Cela suffit ! cela suffit ! Puisque vous l'affirmez, je vous crois, naturellement. » — La conséquence fut que, dans l'école, on considérait un mensonge fait à Arnold comme l'acte le plus honteux qui se pût commettre.

Il les invitait parfois à sa table ou à prendre

le thé, les recevait toujours avec quelque cérémonie quand l'un d'eux venait lui parler; bref en tout et toujours les traitait en hommes, et cela ne contribua pas peu assurément à leur donner ces bonnes manières, ce savoir-vivre, cette distinction que tout le monde remarquait. Dans ce petit monde scolaire le dernier venu sentait qu'il avait aussi son importance et quelque chose à faire pour que la machine marche bien.

Arnold disait, en parlant de sa tâche : « Cela a tout l'intérêt d'une grande partie d'échecs avec Satan comme adversaire et des créatures vivantes comme pions. » L'éducation est à ses yeux la préface de la vie. « L'homme sera libre; l'enfant doit l'être aussi. Il s'agit de lui apprendre seulement à user de sa liberté et à en comprendre l'importance. » — Et ailleurs : « Ne cachez pas le monde aux enfants; cacher le mal, c'est le souligner. » — Ses lettres sont remplies de pensées semblables... On voudrait tout citer.

Il n'eût pas été Anglais s'il n'eût pas aimé le sport; à Laleham, où il avait d'abord fondé un *private school*, il se battait à boules de neige avec ses « pupils » et se livrait à toutes sortes d'exercices gymnastiques, nageant et ramant avec eux. Une fois à Rugby, il ne cessa d'encourager les jeux et les prouesses athlétiques. Une question qu'il se posait à lui-même fait voir quel rôle il attribuait au sport. « Peut-on, se demandait-il, hâter la transformation qui fait de l'enfant un homme sans par là courir le risque d'écraser ses facultés physiques et intellectuelles? » Il sentait bien que tout garçon doit passer par une époque critique et il était persuadé que les *public schools* ont l'avantage de pouvoir avancer cette époque. Rien de pire que l'esprit qui prend de l'avance sur le corps. L'intelligence en se développant doit trouver une enveloppe qui ait la force de la contenir et de résister à son expansion; il faut que l'enfant soit encore enfant alors qu'il a un corps d'homme; en un mot, qu'on se hâte de faire moralement et physiquement un homme de cet enfant, car il a de mauvais instincts et des passions dont il subira l'assaut; qu'on lui fasse des muscles et une volonté *prématurés*, ce qu'Arnold appelait : « true manliness », initiative, hardiesse, décision, habitude de compter sur soi et de s'en prendre à soi-même quand on tombe... toutes qualités qui ne se rattrapent pas et qu'il importe bien plus de cultiver dès la première enfance que de s'évertuer à faire entrer dans de jeunes cervelles des notions scientifiques bien vite disparues, précisément parce qu'on les y a mises trop tôt.

L'homme qui pensait ainsi appartenait à ce régiment intrépide qu'on a appelé celui des athlètes chrétiens : « muscular christians ». — A côté de leur Société il en existe une autre dont les adhérents méritent le seul nom d'athlètes, « le point de contact entre les deux étant que de part et d'autre on estime que c'est un grand avantage d'avoir des corps vigoureux et agiles; mais les uns ne semblent pas se douter du pourquoi ils ont un corps et le promènent d'un bout du monde à l'autre, pour le service de leurs intérêts ou la satisfaction de leurs caprices, au lieu que les autres ont hérité de la vieille maxime chevaleresque que le corps de l'homme doit être bien exercé et développé par son maître pour ensuite servir à la protection des faibles, à l'avancement de toutes les causes justes et à la conquête du monde..... Jeunes gens, craignez Dieu et faites des marches forcées[1] ! »

Voilà certes une association d'idées dans laquelle le sport est traité avec honneur, puisqu'il se trouve sur le même rang que la crainte de Dieu. Mettre des poings solides au service de Dieu est une condition pour le bien servir; se faire une santé vigoureuse est une nécessité pour avoir une existence bien remplie, car on perd du temps à être malade, et le temps, c'est de l'argent. Quant à la recommandation évangélique de tendre la joue gauche quand on vous frappe la droite, elle est peu pratiquée et remplacée par cet avertissement qui est la devise du Royaume-Uni : « Si vous cognez, je cogne. »

Telles me paraissent être les idées courantes sur le rôle de la force physique en ce monde, et si ces maximes ne sont pas toujours aussi nettement formulées, elles sommeillent au fond du cerveau de tout bon Anglais, qui

[1]. *Tom Brown at Oxford.*

sait les y retrouver quand il en a besoin. — « Après tout, que serait la vie, si l'on ne se battait pas ?..... Du berceau à la tombe, le combat est la raison d'être en même temps que le but réel, le but noble et honnête de tout enfant des hommes. Les garçons se querelleront toujours et se battront quelquefois; le combat avec les poings est la manière usuelle dont les petits Anglais vident leurs querelles; apprenez donc la boxe : vous n'y perdrez rien, bien au contraire. — Quant au combat, évitez-le le plus possible; quand viendra le moment, s'il doit venir pour vous, où vous aurez à accepter ou à refuser un défi, dites *non* si vous le pouvez; seulement faites bien attention de connaître le motif de votre refus, de ne pas vous le dissimuler à vous-même : ce sera très beau si vous le faites par pur sentiment chrétien; ce sera justifiable si c'est seulement parce que vous n'aimez pas cette besogne-là. Mais n'allez pas refuser par crainte d'être rossé, tout en disant que c'est la crainte de Dieu qui vous inspire, car cela ne serait ni chrétien ni honnête..... et si vous engagez le combat, poussez-le jusqu'au bout et ne lâchez pas tant qu'il vous restera la force de vous tenir debout [1]. »

C'est encore dans la chapelle de Rugby que nous retrouvons Tom Brown âgé à présent de dix-neuf ans et sur le point de s'installer à Oxford. Il a quitté le collège le mois dernier, le lendemain d'un grand *match* de *cricket* qu'il a commandé lui-même et à la suite duquel il a banqueté avec les vainqueurs, qui l'ont, pour finir, porté en triomphe autour de la cour..... Après avoir achevé ses paquets, fait la tournée des fournisseurs pour acquitter ses dettes et distribué force poignées de main aux amis, il est parti pour l'Écosse, où il va chasser et pêcher. Là, dans un district éloigné et sauvage, un journal déjà ancien de quelques semaines lui apprend par hasard qu'Arnold n'existe plus ! Cette nouvelle l'a terrassé ; jamais il n'avait imaginé que pareille chose pût arriver !..... et le voilà qui, obéissant à une impulsion irréfléchie, mais irrésistible aussi, plante là ses compagnons et fait route vers

1. *Tom Brown's school days.*

Rugby..... La pauvre école est déserte : Tom ne rencontre que le jardinier, qui lui remet les clefs de la chapelle en pleurant, et il y pénètre. Assailli de pensées et de souvenirs, il va s'asseoir à la dernière place, celle qu'il a occupée le premier jour qu'il a passé à Rugby. Voilà encore sur le banc le nom de l'élève qui était son voisin. Il se rappelle les commencements de son séjour et son copain, Harry East, qui est à présent officier dans l'armée des Indes. Tous deux avaient donné beaucoup de souci au Docteur, qui, une fois, à la veille des vacances, les fit appeler pour leur dire que « cela ne marchait pas, qu'ils avaient été fouettés plusieurs fois pendant le terme et que, si leur paresse et leur insubordination continuaient, il se verrait forcé très à regret de les renvoyer, parce qu'ils faisaient du tort à leurs camarades. » — Et eux étaient sortis, atterrés à l'idée d'avoir à quitter Rugby.

A la rentrée, le Docteur les avait séparés pour mettre auprès de Tom un petit garçon pâle et nerveux, plus jeune que lui d'une année et nouvellement arrivé. Le Docteur avait invité Tom à prendre le thé chez lui et, en quelques mots, sans avoir l'air de se souvenir du passé, l'avait mis au courant de ce qu'il attendait de lui..... protéger son petit compagnon et le mettre en état de se protéger lui-même ensuite. Tom trouvait la tâche ennuyeuse et difficile, mais il aurait eu honte de reculer. Il emmena son « bébé », comme disait East en se moquant de lui, et commença de l'initier à tous les jeux, aux longues courses à travers la campagne..... Bien vite il y prit de l'intérêt et se sentit très fier le jour où son élève put grimper à un arbre convenablement.

Comme il avait été habile, le Docteur, en cette circonstance et en tant d'autres !..... Tom s'attend à chaque instant à le voir paraître au-dessus du grand pupitre, comme autrefois, et il croit l'entendre parler !..... Mais non ! tout ce qui reste de lui ici-bas gît, immobile et glacé, sous le pavé de marbre, et son clair regard est éteint pour jamais !

Le temps que Tom Brown a passé là, sur cette tombe, a suffi pour consolider en lui toutes ses bonnes résolutions. Il va se lancer à présent dans le monde, armé pour la lutte. Il n'est ni un saint ni un grand génie, mais il sera un brave Anglais, un honnête et actif citoyen, un gentleman et un chrétien... le vœu de son père est accompli.

Le Rugby d'aujourd'hui n'a pas dégénéré de ce qu'il était jadis ; il occupe toujours une place honorable parmi les premières écoles d'Angleterre, qui se sont modifiées sous l'influence toute-puissante d'Arnold. L'année dernière, Rugby comptait 400 élèves ; 70 faisaient partie de la *school house*. Six autres maisons se partageaient le reste; en plus, quelques externes. Il y a un examen d'entrée assez sérieux et trois examens de classement par an. Rugby possède des immeubles à Londres : le revenu est consacré à entretenir des boursiers ainsi qu'aux réparations nécessaires; le système du *fagging*, bien qu'adouci, est toujours en vigueur; les præpostors sont au nombre de 35 et ils ont pour *fags* les 200 plus jeunes enfants.

Le *modern side* est désormais organisé; le Dr Temple, aujourd'hui évêque de Londres, et le Dr Jex-Blake, actuellement *head master*, ont tour à tour favorisé l'étude des langues vivantes, des mathématiques et des sciences naturelles. Mais il est impossible de ne pas voir un changement s'opérer dans le but que poursuivent les maîtres ici et ailleurs : Arnold avait proclamé la nécessité de faire des « gentlemen » et toute l'Angleterre l'avait admise après lui. Il y a à présent une tendance très neuve, très timide encore, mais redoutable néanmoins, à faire des « good men » plutôt que des « gentlemen ». Cette tendance, on ne l'aperçoit pas tout d'abord, mais pourtant elle existe; si elle se fortifie, l'instruction prendra le pas sur l'éducation. Malheur à ceux qui contribueront de la sorte à détruire l'œuvre de Thomas Arnold; cette œuvre est magnifique, parce qu'elle répond exactement au caractère, aux aspirations, à la nature des Anglais; à la place d'une fabrique d'hommes, on veut mettre une fabrique de savants : ce sera antinational !

WELLINGTON

Au lendemain de la mort du vainqueur de Waterloo, quelques-uns de ses compatriotes eurent la noble pensée de consacrer à sa mémoire non pas un monument vulgaire fait de marbre et de bronze, mais un monument vivant, un collège qui porterait son nom et qui, fondé et soutenu par les souscriptions nationales, assurerait aux fils d'officiers restés orphelins et sans fortune le bénéfice d'une bonne éducation.

L'établissement fut ouvert en janvier 1859; mais le plan primitif avait déjà subi des modifications : on s'était décidé, en plus des boursiers, à recevoir tous les enfants d'officiers, orphelins ou non, à des conditions exceptionnelles, il est vrai : £ 30 (750 fr.) par an seulement. Il advint que les calculs furent mal faits et que, l'école ne pouvant se soutenir avec des élèves sur lesquels elle ne réalisait pas le moindre bénéfice, on en admit une nouvelle catégorie au prix de £ 100 (2500 fr.), sans distinction cette fois entre l'élément militaire et l'élément civil. L'accroissement progressif du prix de la pension et la création de « boarding houses » firent bientôt de Wellington un *public school* à peu près semblable aux autres, et, dans l'armée, des plaintes s'élevèrent de tous côtés; on disait, non sans raison, que l'institution avait manqué son but et qu'il fallait y introduire de grands changements pour l'y ramener.

Une commission d'enquête fut alors nommée à charge de rechercher les causes de cette métamorphose et d'étudier les moyens susceptibles d'être employés pour y porter remède. Elle se composait de lord Penzance, de l'évêque d'Exeter, de deux officiers supérieurs et d'un conseiller de la couronne. Instituée le 20 juin 1879, la commission déposa son rapport le 14 juillet 1880; dans l'intervalle elle avait interrogé en détail trente témoins et rassemblé une foule de documents, tant sur Wellington que sur d'autres grandes écoles susceptibles d'être comparées à celle-là. De pareils documents, on le conçoit, sont d'une grande importance pour qui veut se rendre compte d'une manière quelque peu approfondie de l'éducation anglaise ; ils donnent précisément ce qu'on ne peut voir de ses propres yeux et ce que les professeurs eux-mêmes ne sont pas toujours à même de vous donner, des chiffres. Mais on y recueille aussi, sur des questions vitales, la façon de penser de ceux qui, par leur longue expérience, sont particulièrement dignes d'être écoutés. J'en ai donc extrait les renseignements qui m'ont paru le plus saillants ; je demande pardon pour les additions qui les accompagnent, en faisant remarquer à ceux que cela n'intéresse pas qu'il n'y a rien de plus facile à passer.

Composition de Wellington-college au moment de l'enquête :

Élèves dits *foundationers* (orphelins militaires élevés gratuitement).............	75
Élèves payant £ 80 (fils d'officiers)............	80
Élèves payant £ 110 (sans distinction).......	151
Total....................	306

Ces élèves représentent une somme de £ 23 090 ou 577 250 francs.

Il y a en plus dans les *boarding houses* :

98 élèves payant au collège £ 3920 ou 98 000 francs ;

4 externes ont été autorisés à suivre les cours ;

Le total des recettes sera donc £ 27 010 ou 675 250 francs.

Les administrateurs estiment :

1° Qu'un *foundationer* coûte £ 88 ou 2200 francs.

Il y en a 75 : ils représentent une dépense de £ 6600 ou 165 000 francs.

2° Qu'un *non-foundationer* coûte environ £ 80 ou 2000 francs.

Il y en a 231 : ils représentent une dépense de £ 18 480 ou 462 000 francs.

3° Enfin qu'un *boarder* coûte £ 40 ou 1000 francs.

Il y en a 98, ce qui équivaut à £ 3920 ou 98 000 francs.

Le total de ce que coûtent les élèves sera donc de £ 29 000 ou 725 000 francs.

La différence entre les recettes et les dépenses est de £ 1990 ou 49 750 francs.

Ce sont les souscriptions, dons et legs qui équilibrent cette différence; depuis la fondation ils s'élèvent à la somme énorme de £ 161 317 ou 4 032 925 fr., qui, avec les revenus, a fourni au collège un total de £ 260 367 ou 6 509 175 francs.

Les bâtiments une fois élevés et tous les travaux d'installation terminés, il est resté £ 22 338 ou 558 450 francs, qui ont été employés à couvrir les dépenses annuelles et à équilibrer le budget.

Si vous voulez à présent vous transporter dans un « boarding house », — celui du Révérend E. Davenport, par exemple, — vous aurez une idée du profit que peut faire en un an le professeur qui en a la direction. Voici le compte général de l'année 1878; le *boarding house* en question contenait alors trente élèves.

DÉPENSES

Tarifs payés au collège......	£ 1769 ou	44 225 francs.
Dépenses de la maison.......	1604	41 600 —
Frais généraux...............	523	13 075 —
Total...............	£ 3956 ou	98 900 francs.

RECETTES

Pensions payées par les élèves.	£ 4506 ou	112 650 francs.
Salaire payé par le collège...	250	6 250 —
Total...............	£ 4756 ou	118 900 francs.

Profit : £ 800 ou 20 000 francs.

Il est permis de taxer ce profit de légèrement exagéré; à ce métier-là on doit faire fortune rapidement, et il paraît dès lors démontré que de véritables abus existaient à Wellington. Le *head master*, qui n'a pas, lui, les ennuis d'un *boarding house*, reçoit directement du collège un traitement de 24 000 ou 60 000 francs; la commission a réclamé très justement contre cette somme exorbitante. Les traitements des autres maîtres varient d'ordinaire de £ 800 à 200 (20 000 à 5000 francs), selon qu'ils sont ou ne sont pas à la tête de *boarding houses*.

J'aurai occasion de revenir sur cette question-là et d'expliquer pourquoi, à mon avis, ce qui est ici un abus n'en est pas un dans les écoles telles qu'Eton, Harrow, Rugby, etc. Mais on ne saurait oublier que Wellington fut fondé dans un but tout particulier et, dès lors, devrait différer essentiellement des autres écoles. Des économies aisément réalisables permettraient de recevoir un plus grand nombre de *foundationers*; actuellement il n'y en a que 75 sur quatre cent huit élèves. Ils peuvent *tenir* leurs bourses à partir de 9 ans, mais comme ils ne doivent entrer dans le collège proprement dit qu'à douze ans, on les met d'abord dans une école préparatoire qui y a été annexée. Le nombre des élèves qui sortent chaque année de Wellington est d'environ 60 ou 70.

De toutes les questions accessoires qui furent agitées devant la commission d'enquête, la plus importante est sans contredit celle des dortoirs. La commission chargée de préparer des réformes financières se demanda si le système le plus économique n'était pas en même temps le plus hygiénique et le plus moral;

et elle interrogea à ce sujet tous les témoins qui se présentèrent devant elle.

Le système en usage à Wellington est celui des « cubicles ». On appelle ainsi les espèces de compartiments formés par des cloisons qui ne s'élèvent pas jusqu'au plafond. C'est un intermédiaire entre le véritable dortoir et les chambres séparées; c'était le système de prédilection du prince Albert, qui contribua beaucoup à le faire adopter. Qu'on se représente une vaste salle divisée en 33 *cubicles*, chacun ayant sa fenêtre et une porte sans verrou et étant assez grand pour que l'on puisse en plus du lit y loger quelques meubles. Mais qui doit les y mettre, ces meubles? Est-ce l'établissement qui les fournira d'après un modèle uniforme, ou bien l'élève sera-t-il libre d'en choisir à sa fantaisie? « Nous commençâmes, dit le lord évêque de Truro, qui fut pendant 15 années *head master* de Wellington, nous commençâmes par fournir nous-mêmes le lit, une chaise, un bureau grossièrement peint et un paillasson, et nous fîmes défense de rien apporter en plus..... En peu de temps, les *cubicles* devinrent semblables à des *cages à ours* (sic); rien n'appartenant aux enfants, ils n'avaient aucun souci de leurs meubles et ne se faisaient pas le moindre scrupule de les détruire; voyant que nous faisions fausse route, nous leur donnâmes la permission de se meubler eux-mêmes, tout en maintenant certaines interdictions, celle d'avoir un fauteuil par exemple; mais ils purent apporter un tapis, des bibelots, et mettre des gravures sur les cloisons : cela fit merveille et le désordre cessa aussitôt. En établissant les *cubicles*, nous avions eu le désir de les amener à y travailler tranquillement et à se conduire en jeunes gens raisonnables, et ce but ne fut atteint que lorsqu'ils purent s'y sentir chez eux et donner à leurs petites chambres un cachet individuel. »

Un des membres de la commission ayant demandé s'il n'était pas préférable d'habituer les enfants à travailler tous ensemble, au milieu du bruit des allées et venues, l'évêque répondit que son expérience l'avait conduit à une opinion diamétralement contraire et que la solitude et la propriété étaient, selon lui, deux puissants moyens d'éducation. « De la sorte, ajouta-t-il, il y a bien des habitudes de famille (*home habits*) qu'ils peuvent conserver, bien des petits objets qu'ils peuvent avoir auprès d'eux et auxquels ils attachent de bons souvenirs...... Et il ne faut pas croire que cela les rende délicats ou efféminés..... Il est difficile de trouver des garçons plus énergiques et plus virils que ceux de Wellington : je l'ai toujours remarqué. Un autre avantage des *cubicles*, c'est de permettre aux élèves de travailler ensemble, chose excellente et très propre à développer des amitiés durables. Souvent aussi un *præfect* (ou *monitor* : ces deux mots désignent la même fonction), s'il voit un nouveau découragé ou embarrassé, le prendra avec lui et l'aidera un peu dans ses devoirs. »

Interrogé à son tour, M. G. Barford, docteur-médecin attaché à l'établissement, dit qu'il « a considéré comme étant de son devoir d'observer très attentivement les enfants dans leurs rapports entre eux et qu'il est forcé de convenir que le système des *cubicles* est bon ; les enfants l'apprécient très haut, cela va sans dire, et le seul reproche qu'on lui fasse est

précisément de faciliter les relationss dangereuses; mais lui, parlant en sa qualité de médecin, atteste que l'événement n'a pas justifié ces craintes. On pourrait, si l'on veut, réserver les *cubicles* aux élèves âgés de quinze ans et au delà, car il n'est pas mauvais qu'à mesure qu'ils grandissent, ils se sentent davantage traités en hommes... Mais les dortoirs en général ne lui semblent bons qu'à abaisser le ton général et le niveau dans une école, à rendre les élèves peu soignés, etc. »
M. Barford répond à une objection tirée du danger qu'il y a de rendre les enfants difficiles par les soins dont on les entoure; il s'élève avec force contre cette théorie (celle du fauteuil dans lequel il est prudent de ne pas s'asseoir parce qu'un jour peut venir où l'on n'aura qu'une chaise à sa disposition); entourer les enfants de soins et leur donner du confort, ce n'est pas les gâter : il a maintes fois remarqué d'ailleurs que ceux qui ont été élevés dans la privation ne sont pas ensuite les moins difficiles et les plus endurcis.
« Rendez la vie agréable à vos enfants, dit-il; vous ne les amollirez point si par ailleurs

vous prenez soin de développer en eux le côté viril ; bien au contraire, vous leur laisserez de leur enfance des souvenirs qui seront une force pour toute leur vie. »

Cela me fait penser à un jeune Anglais qui était allé faire fortune en Australie dans l'élevage des bestiaux. Il n'est sorte de privations qu'il n'ait endurées dans sa rude existence de *cowboy* par laquelle il commença son apprentissage ; cela ne l'empêchait pas quand il venait à la ville la plus proche de son exploitation — une de ces cités d'Australie, toutes jeunes et déjà civilisées — d'arborer l'habit et la cravate blanche, tout comme dans les clubs de Londres..... M. Barford a raison ; l'éducation recherchée n'amollit pas et ceux qui l'ont reçue se montrent souvent plus énergiques et plus résistants que d'autres moins favorisés dans leur enfance.

Le même témoin est encore interrogé sur le chapitre de la nourriture ; on lui demande s'il trouve les repas bien réglés ; dans tous les collèges, il y a quatre repas différents : un déjeuner composé d'œufs et de thé le matin vers 9 heures ; à 1 heure ou 1 heure et demie, le dîner, qui n'est qu'un *luncheon* ordinaire ; du thé à 5 heures et demie ou 6 heures, et à 8 heures du soir un souper composé de pain, de bière et de fromage. Je ne sais d'où vient l'habitude de considérer les Anglais en général comme les plus gros mangeurs de la création ; ce temps-là est bien passé, s'il a jamais existé, et, chose curieuse, plus ils dépensent de force, moins ils mangent. Bien des collégiens français ne se contenteraient pas de ce qui suffit aux jeunes athlètes du Royaume-Uni : ceux qui s'entraînent pour un sport quelconque se soumettent à un régime sévère et s'en trouvent bien. Chez nous on entend parfois formuler des axiomes comme celui-ci : Plus on mange de viande, mieux on se porte. Je n'ai rien entendu de systématique à cet égard en Angleterre, mais l'expérience semble y avoir prouvé que les collégiens en particulier doivent manger souvent et peu à la fois et qu'il faut leur donner plus de légumes que de viande. Je demande pardon pour cette digression culinaire.

Parmi les collèges susceptibles d'être comparés à Wellington, on peut citer Haileybury, Westward Ho! et Oxford military college. Haileybury offre aux enfants de *clergymen* un avantage analogue à celui que les fils d'officiers trouvent à Wellington; on les reçoit à des prix réduits. L'établissement est donc tenu à éviter un trop grand luxe d'aménagement, à avoir des tendances économiques et un peu égalitaires... on m'assure que le résultat a répondu au but et que tout y marche bien. Haileybury contient 362 élèves et 21 professeurs; l'âge d'admission est entre 12 et 14; cette disposition est inscrite dans la plupart des règlements; on la retrouve même dans certains *private schools;* parfois, après quatorze ans, il faut payer plus cher; c'est une façon de décourager les parents et de les empêcher de faire voyager leurs enfants de collège en collège. Les maîtres se méfient extrêmement des élèves qu'ils n'ont pas connus avant quatorze ans; ils n'en sont pas sûrs et se croient tenus de les surveiller particulièrement quand ils acceptent de s'en charger par exception. « Comment, me dit l'un d'eux, comment voulez-vous qu'un jeune homme entré si tard dans un collège s'en assimile l'esprit, y fasse son trou, y prenne ses habitudes? cela ne peut se faire qu'à l'âge où son caractère est encore malléable. » En France, où nous regardons le collège comme une auberge intellectuelle, on voit jusqu'en rhétorique et en philosophie entrer des nouveaux dont les antécédents sont plus ou moins inconnus et dont le caractère demeure un point d'interrogation pour tout le monde. J'ai remarqué généralement que ces tard venus ne valaient pas grand'chose et qu'ils formaient la portion la plus détestable de la population scolaire.

Il n'y a à Haileybury qu'un seul *boarding house* avec 20 élèves; tous les autres vivent réunis, ce qui permet de n'avoir qu'une seule administration, une seule cuisine… et partant de réaliser une économie importante. Les dortoirs sont divisés en 46 « cubicles »; mais ils sont tout petits; ne contenant même pas les meubles de toilette qui sont placés au milieu de la salle, on travaille dans les *class-rooms*, les plus jeunes en commun, les plus grands, 3 ou 4 ensemble dans une pièce séparée. L'argent de poche est limité à 1 schelling par semaine. Je ne parle pas des gymnases, bassins de natation, champ pour le *cricket* et le *foot-ball*, etc., cela va sans le dire; un collège anglais serait incomplet s'il ne possédait pas ces dépendances; et sûrement c'est à quoi l'on pense en premier lieu quand il s'agit de bâtir une école et d'en choisir l'emplacement.

L'Oxford military college et Westward Ho! sont deux établissements pour les enfants d'officiers; ce dernier a été fondé en 1874; il renfermait, en 1879, 123 internes et 21 externes; une école préparatoire (*junior school*) y est annexée.

La liste des témoins interrogés par la commission mentionne encore un nom honoré dans le monde universitaire, celui du révérend Thring, mort tout récemment après avoir été trente-cinq ans *head master* d'Uppingham. Il sut placer son école, qui, bien que très ancienne (elle fut fondée en 1584), n'avait qu'une minime importance jusqu'à son arrivée, il sut la placer à un rang très élevé :

et telle fut sa compétence reconnue que la nouvelle de sa mort a causé une grande émotion dans le public; ses ouvrages ont été lus et relus en Angleterre et en Amérique; on y trouve des pensées, des préceptes analogues aux pensées et aux préceptes de Thomas Arnold avec quelque chose de plus général, une tendance à s'occuper de la masse plutôt que de l'élite, des vues plus égalitaires, mais moins profondes et moins élevées. En 1879, Uppingham possédait 316 élèves répartis dans 11 maisons... Dans sa déposition, le *head master* déclara, entre autres choses, qu'il considérait le dortoir comme ennemi de tout sentiment familial (*domestic feelings*).

Pour terminer par des chiffres, voici un tableau qui permet de comparer les dépenses des élèves dans différents collèges. Le premier total représente la note la plus élevée de l'année; le second, une note moyenne. Mais il faut se souvenir que les déplacements n'y figurent pas et que ce facteur a certes son importance.

Wellington	3730 francs.	3230 francs.
Marlborough	3550 —	3160 —
Winchester	3500 —	2995 —
Uppingham	3450 —	3140 —
Rugby	3230 —	3025 —
Haileybury	2550 —	1925 —

A Eton, où je n'ai pu me procurer de renseignements de cette nature, les seules charges *obligatoires* s'élèvent à 3725 francs, abstraction faite de toute dépense d'*extra*. Cela donne à penser ce que doivent être les notes dans ce milieu fréquenté par les membres des plus riches familles de l'Angleterre et où les occasions ne manquent guère de laisser filer l'argent.

WINCHESTER

Winchester, le vieux Caer Gwent des Bretons, le Venta Belgarum de l'invasion romaine, devenue sous la domination saxonne, en 495, Wintecaster, était la capitale du Wessex; l'ombre d'Alfred le Grand plane encore sur ses puissants remparts, qui s'effritent sous leur manteau de lierre et sur les tours démantelées qui trempent dans l'Itchin; au centre s'élève la fameuse cathédrale construite par William de Wykeham, « amalgame de pierre et de poussière humaine », dont les murs renferment des cadavres de rois. Le même Wykeham acheva en 1396 l'école (St Mary's college), qui a célébré l'an passé le 490° anniversaire de sa fondation. Elle renferme 24 professeurs et

environ 385 élèves; de ce nombre sont les
70 *foundationers* qui vivent dans le collège
proprement dit, défrayés de tout, mais ayant
eu à passer un examen très sérieux, qui est
même regardé comme le plus difficile de ceux
qui donnent accès dans les collèges. Les autres
élèves sont répartis dans 9 *boarding houses*
qui en contiennent chacun 35 : j'en visite un;
il est situé assez loin dans la ville; il y a
3 dortoirs, l'un avec 9 lits, un autre avec 10
et un avec 7. Le doyen des élèves, le *captain*,
a seul le privilège de la solitude; mais dans
les autres *boarding houses* il y a des « cubicles ». En général, les maisons ont été bâties
ou appropriées par les professeurs auxquels
l'école les a ensuite rachetées, puis louées à un
taux égal à 4 p. 100 du prix d'achat. C'est elle
qui fait les réparations extérieures et le professeur qui se charge de maintenir l'intérieur
en bon état. Ce n'est pas une sinécure en
somme d'avoir à tenir une maison si bien
peuplée. J'ajouterai que ce n'est pas non plus
un profit net aussi considérable que certains
le prétendent et que le donnent à penser les
chiffres que j'ai cités à propos de Wellington.

A Wellington les *boarding houses* sont des accessoires, des dépendances; à Eton, à Harrow, comme ici ou à Rugby, ils forment le collège lui-même et supportent toutes les charges. Le professeur qui est à la tête d'un *boarding house* ne peut pas s'enfermer dans son rôle... comment dirai-je?... constitutionnel; sa liste civile lui est donnée pour la dépenser; il est moralement obligé à avoir un certain train de maison, à se montrer hospitalier, à recevoir : non pas certes à donner des bals, mais des dîners ou des déjeuners. Les occasions ne lui manquent pas. Ce sont les grands tournois de *cricket* ou de *foot-ball* qui lui amènent des amis, ce sont ses anciens élèves qui, pour la même occasion, viennent revoir « les lieux chers à leurs premiers ans ». C'est un congrès scientifique ou scolaire dont il faut se partager les membres; c'est un professeur étranger qui vient faire une conférence; ce sont les parents enfin qui accourent pour entendre déclamer leurs fils à quelque séance solennelle ou voir manœuvrer leurs muscles... Certainement la première condition pour celui qui tient un *boarding house*, c'est de n'être pas serré. Comme avec cela on a beaucoup à faire, il est juste qu'on y trouve son avantage ; je ne dis pas qu'en certains cas les prix ne puissent pas être quelque peu réduits, mais le profit n'est point exorbitant comme il en a l'air. En plus de cela, la situation de *boarding master* est enviée à cause de la grande considération qui y est attachée, de l'indépendance qu'elle procure ; le professeur se trouve à la tête d'un véritable petit royaume où il a la responsabilité, mais aussi l'honneur du gouvernement ; s'il comprend le noble caractère de sa tâche, et il le comprend (sans quoi il ne resterait pas à son poste), que de réformes il peut essayer ! Quelle expérience il peut acquérir, quel pouvoir il peut exercer sur ses élèves, et surtout quel vaste champ s'ouvre devant son ardeur et son zèle ! Partout l'éducation est une chose captivante et passionnante pour ceux qui en sentent la grandeur ; mais nulle part ceux-là ne peuvent s'y adonner plus complètement que dans les *boarding houses* des collèges anglais.

Winchester est une ville assez considérable

(près de 18 000 habitants), mais calme et paisible ; les élèves ont à en traverser une partie plusieurs fois par jour, mais on leur défend de s'en aller se promener par les rues dans le seul but de flâner ; et ceux qui sont ainsi rencontrés, errant en contravention, sont sévèrement punis. Ce n'est pas qu'on ait grand'peur de ce que nous entendons en général par « les dangers de la voie publique ». Mais je crois qu'on redoute de les voir se lier avec des jeunes gens étrangers au collège. Winchester, comme toutes les cités anglaises, possède des clubs de *cricket*, de *lawn-tennis*, etc., des réunions politiques et littéraires, en un mot l'association sous toutes ses formes. Si les élèves pénétraient une fois dans ce milieu, l'école perdrait son autonomie et son caractère propre ; c'est pour la même raison qu'on n'admet point d'externes ; les commerçants et les boutiquiers de Winchester s'empresseraient de faire inscrire leurs enfants et financièrement le collège y gagnerait ; mais il est incontestable aussi que cela l'entamerait d'une façon fâcheuse.

Visite au gymnase, à l'atelier, à la bibliothèque ; nous parcourons un joli cloître gothique rempli d'inscriptions et de pierres tombales, puis de vieilles salles voûtées où, en place de chevaliers bardés de fer, de jeunes garçons travaillent chacun devant son bureau, séparé du voisin par une demi-cloison... Dans les cheminées armoriées le feu flambe joyeusement ; on dirait un château féodal hâtivement approprié à sa nouvelle destination. On vient de meubler une salle de lecture et de conversation pour les *præpostors*, afin qu'ils aient la faculté de se réunir et de « s'entendre » sur les mesures qui les concernent : personne n'y vient troubler les délibérations de ce gouvernement au petit pied.

L'infirmerie est un bâtiment isolé, qui contient en ce moment un certain nombre de malades ; ils sont soignés par de vigilantes infirmières, dont la présidente est une femme très comme il faut, au dévouement de laquelle tout le monde se plaît à rendre hommage.

Il y a enfin la vaste prairie, où se prépare un match *versus* Magdalen college, Oxford ; le capitaine surveille les préparatifs ; de petits drapeaux pleins de gaieté folâtrent en haut des mâts; les Oxfordiens font leur toilette : ayant manqué le train, ils sont arrivés tard dans un fourgon de marchandises et repartiront ce soir.

MARLBOROUGH

Le collège de Marlborough, fondé en 1843 et placé sous la direction honoraire de l'archevêque de Cantorbéry, diffère assez sensiblement des autres; il est, après Eton, le plus peuplé; les élèves sont au nombre de 575, les plus jeunes dans une sorte de petit collège séparé, d'autres (135 environ) dans trois *boarding houses*, et tout le reste dans le collège lui-même. C'est là que se trouvent réunis autour d'une vaste cour la bibliothèque, les salles d'étude, la chapelle, le gymnase. Il y a six corps de logis, dont la direction est confiée à six professeurs; les repas sont pris en commun; l'étude aussi a lieu en commun, excepté pour les jeunes gens les plus âgés, qui travaillent à part. Tous couchent dans des dortoirs de 12 lits chacun, et les autorités du collège semblent considérer ce système comme le meilleur.

Ce qui me frappe à Marlborough, c'est de trouver une tendance à la réglementation. Jamais on n'admettra en Angleterre l'uniforme scolaire; mais en fait les enfants sont tous vêtus de même, ce qui prouve le peu d'importance qu'ils attachent à leur toilette : il n'y a d'uniforme que pour les jeux; ces habillements-là sont les seuls dont ils aient souci, dans lesquels ils se sentent « comfortable » et pour lesquels ils montrent quelque coquetterie. Ici, dans le prospectus, je relève avec stupéfaction, à côté d'une recommandation relative aux vêtements, la défense de porter autre chose que des cravates en soie noire ou bleue très foncée. Autre mesure restrictive : les élèves ne peuvent pas se cotiser à leur guise pour les jeux. On fait disparaître ainsi un puissant élément d'éducation sociale.

Par contre, la liberté des mouvements est plus franche que partout ailleurs : la ville la plus proche est à onze milles, et les enfants, dès qu'ils sont dehors, échappent complètement à l'œil du maître ; aussi j'imagine qu'à plusieurs kilomètres à la ronde le district n'a plus de secrets pour eux. En été même, plus de 150 élèves sont trois fois par semaine dispensés de l'appel, de sorte que de 2 heures 10 à 6 heures 30 rien ne vient restreindre leur complète indépendance, et, s'ils ne prennent pas part aux jeux, ils peuvent courir dans la campagne aussi loin qu'ils veulent. « Nous n'avons jamais eu à nous repentir de les avoir mis à ce régime, » constate avec une légitime satisfaction un des maîtres.

Ceux-ci sont au nombre de 34. Je remarque ici, comme j'ai déjà eu l'occasion de l'observer ailleurs, qu'ils aiment à circonscrire leurs programmes d'étude, par exemple à faire leur classe d'après un auteur ou même d'après un livre déterminé : je serais tenté de croire cette méthode fructueuse pour l'élève, qui doit apprendre ainsi plus facilement et retenir mieux, mais inférieure pour le professeur, qu'elle empêche de *composer* d'avance son cours d'après différents auteurs. Cela est vrai surtout pour l'histoire : pour les langues vivantes au contraire, le procédé semble excellent à tous points de vue. Voici les ouvrages français qu'on a étudiés à Marlborough pendant le terme d'été de 1887 : Guizot, *Civilisation en Europe*; Tissot, *De Paris à Berlin*; Molière, *le Bourgeois Gentilhomme*; E. Souvestre, *Au coin du feu*; Paul Féval, *Chouans et Bleus*; George Sand, *Nanon*; Fezensac, *Campagne en Russie*.

Je me rappelle, moi, des classes d'anglais où l'on pâlissait sur le *Paradis perdu* de Milton ou sur quelqu'une de ces tragédies de Shakespeare que ceux qui parlent la langue très couramment ont encore peine à bien comprendre : cela n'avait aucun intérêt. N'eût-il pas mieux valu prendre un de ces romans modernes, où l'on trouve des expressions usuelles en même temps que des descriptions et des études de caractère, plus aptes à faire connaître l'Angleterre et ses habitants à des jeunes gens que tous les Paradis perdus et toutes les tragédies de Shakespeare ?

Je n'ai pas encore parlé des prix, dont la distribution occasionne annuellement chez nous des cérémonies panachées de discours, de musique et de poussière ; il y a aussi des prix dans les écoles anglaises, et, puisque nous sommes à Marlborough, je vais exposer brièvement ce que les élèves y ont à faire pour les conquérir. Tantôt il leur faut passer un examen, tantôt faire une composition, mais dans ce dernier cas on se garde de les enfermer entre quatre murs pour y rédiger leur chef-d'œuvre ; on veut au contraire qu'un temps assez long s'écoule entre le moment où le sujet du concours est annoncé et le moment où les compositions doivent être remises ; de la sorte le travail peut revêtir un caractère d'individualité ; il faut faire acte d'initiative pour le compléter, l'appuyer, le documenter. Les vacances de Noël durent un mois : les plus diligents ont la facilité de gagner plusieurs prix en faisant une composition qui, indiquée la veille du départ, est examinée le lendemain de la rentrée de janvier. Le dernier lundi de février, a lieu un examen de littérature et d'histoire ayant pour but de déterminer les heureux possesseurs de deux prix de la valeur de £3 (75 francs) chacun. « De l'argent! allez-vous dire ; voilà qui est trop fort ! » Eh ! mon Dieu oui ! de l'argent ; dans certains cas, la somme doit être employée à acheter des livres, mais, dans d'autres, le lauréat l'empoche sans en rendre compte.... à ses maîtres. C'est aux parents à y veiller ; parfois le prix a assez de valeur pour fournir, un peu arrondi par la famille, aux frais d'une petite tournée de vacances, pendant laquelle le jeune citoyen s'essaye au « self-government ». Avez-vous peur qu'il gaspille son magot en route ? Pas de danger ! Il est bien trop content de s'en aller ainsi tout seul et il fera plutôt des économies pour pouvoir allonger son voyage.

Voilà ce qui me paraît caractériser les prix en Angleterre ; quand j'aurai ajouté que le concours est libre et non imposé, que le même prix ne peut être remporté deux années de suite par le même élève et qu'enfin, au lieu d'être toutes réunies à la fin de l'année, les compositions sont échelonnées depuis novembre jusqu'à juin, j'aurai suffisamment montré, je pense, la différence qui existe entre la France et la Grande-Bretagne sur ce chapitre-là. — Encore un mot pourtant ! Le prospectus de

Marlborough me rappelle une idée originale qu'il ne faut pas laisser passer. Le fondateur d'un prix d'histoire naturelle a voulu que la pratique fût jointe à la théorie et qu'on apportât une collection en même temps qu'un travail écrit. Pour cette année, on a demandé une collection de coléoptères recueillis dans le voisinage, et une de *larves*, ainsi qu'un journal d'observations quotidiennes sur les mœurs des oiseaux, avec la description *illustrée* des nids, des œufs et la classification des types observés...... Voilà un but pour les longues excursions campagnardes que facilite, à Marlborough, la situation isolée du collège.

Le mode d'admission ou plutôt le tarif varie selon qu'on entre avec ou sans « nomination ». J'imagine que Marlborough a été fondé par des souscriptions. Tout donateur d'une somme de £ 20 (500 francs) obtient *une* nomination, c'est-à-dire le droit de désigner un élève qui sera reçu de préférence aux autres et payera un peu moins cher. Celui qui a souscrit pour £ 50 (1250 francs) ou plus est apte à devenir « life governor » et son droit de nomination ne s'éteindra plus qu'à sa mort. La pension est en général £ 82 (2050 francs) par an ; il y a 70 places à £ 50 (1250 francs) pour les fils de *clergymen*.

Une disposition analogue a été appliquée au Dover College, qui a été fondé en 1871 par une société à capital fixe. Les actionnaires ont une nomination par £ 40 (1000 francs) engagées dans l'établissement ; les parents de l'élève payent à celui qui l'a nommé une rente de £ 2 (50 francs), qui en représente l'intérêt à 5 p. 100. Bien entendu, l'actionnaire ne peut imposer au *head master* un enfant que celui-ci a de légitimes raisons pour refuser. Quelque étrange que puisse paraître cette combinaison, il est certain qu'elle a produit de bons résultats. On ne peut nier qu'elle ne soit ingénieuse...... A Dover College, les prix de pension sont à peu près les mêmes qu'ici.

Savez-vous ce que c'est que le cahier de chansons ? — Cette interrogation n'est peut-être pas très motivée par ce qui précède, mais je vous la pose pour vous faire oublier les détails fastidieux que j'ai cru devoir donner..... Et puis, comme dit le proverbe, tout finit par des chansons ! Le cahier qui contient celles dont je parle est plus qu'un cahier, c'est une institution ! Souvenir de quelque ancien (*some departed hero*), dont les exploits au *cricket* sont devenus légendaires et qui a transcrit sur ces feuilles vénérées toutes les pièces de son répertoire, il apparaît dans les grandes circonstances. Toutes les écoles ont leur cahier et souvent même elles en ont plusieurs : heureux alors ceux qui possèdent une si précieuse relique. Les soirs de fête, dans le hall, on répète ensemble les joyeux refrains que tout le monde sait par cœur, mais qu'on lit dans les cahiers par respect pour ceux qui les rédigèrent ; et c'est ainsi que se transmettent de génération en génération les vieux airs d'autrefois….. — « Chantez, mes enfants, chantez l'old England que bien des bons Anglais ont chantée avant vous et chanteront après, dit un vieux professeur d'un ton très bienveillant ; quand vous serez comme moi, au bout du voyage, ces refrains vous reviendront dans l'oreille comme un écho lointain tout chargé de bons souvenirs. » On n'a pas besoin de cette assurance pour activer le concert ; au-dessus de 80 bocks de bière s'ouvrent 80 gosiers, qui proclament de toutes leurs forces que

> Jack and Gill went up the hill
> To fetch a pail of water.......

CHARTERHOUSE

En pleine cité de Londres, non loin des fameux marchés de Smithfield, s'élevait l'école qui porte ce nom. En 1374, sur l'emplacement d'un cimetière pour les pestiférés, on avait fondé une chartreuse (*charterhouse*), qui, sécularisée ensuite par Henri VIII, fut transformée en maison d'éducation vers 1611; le fondateur avait donné aux 40 garçons qui y apprenaient la « gaie science » de singuliers compagnons : 80 vieillards tombés dans la pauvreté, auxquels l'école devait fournir un asile. L'esprit de tradition, qui dégénère quelquefois en esprit de routine, fit maintenir jusqu'en 1872 les malheureux enfants dans cette atmosphère viciée; ce fut un beau jour pour eux que celui où le déménagement eut lieu; à Godalming, dans le comté de Surrey, Chaterhouse entra en convalescence, et c'est à présent une des plus vivantes et des plus prospères parmi les écoles d'Angleterre.

Je n'en dirai pas grand'chose, parce que je n'en sais pas grand'chose; je ne l'ai pas visitée : je ne l'ai vue qu'en photographies dans l'album d'un ami qui y avait été élevé et en avait naturellement conservé le plus parfait souvenir. Ces photographies représentaient de vastes bâtiments, des jardins, des parterres, des bains sur une rivière aux berges boisées et de légers canots filant à sa surface....., et puis encore des groupes d'heureux mortels entourant un gros ballon ventru, ou bien brandissant leurs raquettes comme des tomahawks indiens. Deux de ces groupes attirèrent mon attention d'une façon particulière: dans l'un étaient réunis les champions chargés d'aller à Wimbledon défendre l'honneur de l'École au grand concours de tir qui a lieu annuellement. La plupart des collèges y envoient leurs meilleurs tireurs et je laisse à penser avec quels transports les vainqueurs sont reçus au retour. — Le second groupe était plus typique encore ; c'était la « Fire Brigade », et mon ami avait eu l'insigne gloire d'en faire partie la dernière année de son séjour à Charterhouse. Oui! un bataillon libre de pompiers, choisis parmi les plus forts et aussi les plus sages, car cet uniforme-là est réservé à l'élite de l'élite. Les maîtres sans doute ne permettent pas à ces vaillants jeunes gens de s'exposer par trop et savent contenir leur intrépidité, mais ils ne craignent pas de les laisser se mouiller les pieds ni de les faire lever la nuit si un incendie s'est déclaré pour lequel leur concours puisse être utile. Après tout personne ne force les élèves à faire partie de cette légion et ceux qui en sont jugés dignes n'y entrent pas sans l'autorisation de leurs parents. La « Fire Brigade » de Charterhouse a maintes fois rendu des services fort appréciables; dans aucun autre collège, je n'avais entendu parler d'une institution de ce genre ; elle peut être critiquée et elle l'est sans doute; pour moi, j'estime que celui qui en a eu la première idée, a eu là une idée sublime.

C'est à Charterhouse que s'est tenu, en décembre 1886, le dernier meeting des *head masters*; le prochain aura lieu, en décembre 1888, à Winchester. Sur environ 76 directeurs de *public schools*, affiliés à cette société, 42 s'étaient rendus à l'appel. Mais les réformes dont il a été question dans ce congrès, ont trait principalement au mode d'instruction et aux programmes d'examen. Euclide et le grec y ont été battus en brèche par ceux qui trouvent, non sans raison, qu'on pourrait apprendre la géométrie sur un texte plus nouveau, et que l'étude de la langue d'Homère commence trop tôt. On s'est occupé également de modifier la grammaire latine et de la rendre uniforme, et une invitation a été faite aux Universités d'avoir à accorder un peu plus de considération aux langues vivantes.

En somme les *head masters*, réunis ainsi en assemblée délibérante, constituent spontanément et de leur plein gré un conseil d'éducation dont le rôle est utile, car, tout en laissant chacun maître chez soi, il fournit un terrain d'entente et d'action communes, une occasion de se voir et de s'éclairer réciproquement, une possibilité de comparaison entre les divers collèges. Dois-je ajouter que ce que j'apprécie fort dans ces délibérations, c'est l'absence de tout commissaire officiel et de toute centralisation gouvernementale?

COOPER'S HILL

Ce sera la dernière étape avant Londres; aussi bien pourrions-nous ne pas nous y arrêter, car Cooper's Hill n'est pas un *public school;* c'est une école spéciale destinée à fournir à l'empire indien des ingénieurs, des inspecteurs des forêts et des télégraphistes. Mais il y a aussi d'autres élèves admis à suivre les cours. L'examen d'entrée a lieu en juin; il faut pour se présenter avoir plus de dix-sept ans et moins de vingt et un. On demande de l'anglais (un *essai* correctement écrit) et une forte dose de mathématiques élémentaires, plus de l'histoire, de la géographie et des langues vivantes. Les élèves ingénieurs restent trois ans, les forestiers deux ans et deux mois et les télégraphistes deux ans. Le prix de la pension est de £ 183 (4575 francs).

Le programme d'études comprend la géométrie descriptive, l'architecture, le dessin graphique, l'administration, la comptabilité, la mécanique, la géologie et la minéralogie, les mathématiques, la physique, la chimie, le français, l'allemand, l'hindoustani, le dessin et la machinerie pratique. Les forestiers ont en outre la botanique et en général tout ce qui concerne leur art; les télégraphistes ont de même des cours spéciaux sur la construction et le fonctionnement des télégraphes. Le secrétaire d'État pour l'Inde choisit les ingénieurs en nombre voulu; il les prend naturellement parmi les premiers, si d'ailleurs ils sont sujets anglais et d'une bonne santé. Une fois nommés, on leur fait souvent passer une année d'études pratiques dans quelque grande usine d'Angleterre; leur traitement est alors de £ 150 (3750 fr.). Ils partent de là pour l'Inde, où ils reçoivent 4200 roupies (8400 fr.). Les télégraphistes sont désignés à la fin de la première année, et si, ensuite, le résultat de la seconde est satisfaisant, ils partent avec un traitement de 3000 roupies (6000 fr.). Les uns et les autres passent, avant d'être nommés, un examen d'équitation; à l'école, ils ont des exercices militaires obligatoires.

« A Cooper's Hill, me dit-on, on travaille beaucoup (*very, very hard!*). Tout compte fait, on travaille neuf heures par jour, sauf le dimanche, que l'on va passer chez soi ou chez des amis. C'est en effet beaucoup pour l'Angleterre; mais nos polytechniciens et nos centraux s'accommoderaient volontiers de ce régime-là. Il est vrai qu'ils n'ont pas la même mission et que celle à laquelle sont destinés les élèves de Cooper's Hill nécessite au moins autant de force physique et d'énergie morale que de science mathématique.

WESTMINSTER

La vieille abbaye d'Édouard le Confesseur tient cachée dans les plis de sa robe de pierre, comme pour l'isoler du mouvement et du bruit de la grande ville, une école près de laquelle vous avez peut-être maintes fois passé sans vous en douter. Sur la place qu'emplit une incessante circulation, le parlement se dresse avec sa grosse tour à horloge; plus près, la statue de lord Beaconsfield, au pied de laquelle ses fidèles viennent déposer, au jour anniversaire de sa mort, des bouquets de primevères. Si l'on se dirige à gauche, on rencontre le vaste aquarium où tout Français qui a eu deux soirées à tuer à Londres se souvient d'avoir vu beaucoup d'animaux savants, mais pas un poisson. Il faut tourner le dos à cette bizarre construction et pénétrer sous une voûte en ogive; c'est là! On se trouve soudain dans un square paisible entouré de maisons à l'aspect honnête : au centre, des garçons bien mis jouent au ballon ou au *tennis*, selon la saison; un ou deux *policemen*, quelques vieux personnages qui prennent l'air, et quand on lève les yeux la masse sombre de l'église abbatiale qui file vers le ciel, soutenue par ses épais contreforts : voilà le paysage!

Westminster est une école en transformation, à cheval sur un présent très indécis, entre un passé et un avenir qui ne se ressemblent pas du tout; on dirait un fils de famille, obligé de travailler de ses mains pour ne pas mourir de faim à côté de son blason. Quand la reine Élisabeth l'établit en 1560, l'école était située presque hors de Londres, dans un milieu sain; la faveur royale lui assurait une longue prospérité et une forte dotation, et la plus haute aristocratie y envoyait ses enfants. Les circonstances ont changé maintenant, mais du moins subsiste-t-il de précieux vestiges de cette splendeur. Les élèves de Westminster sont privilégiés de maintes façons. L'abbaye leur sert de chapelle et nul n'a le droit de les en chasser. Quand, au service d'actions de grâces du jubilé, il a fallu faute de place restreindre le nombre des billets mis à la disposition des hauts fonctionnaires et du corps diplomatique, cette mesure n'a point été étendue aux jeunes messieurs qui se prélassaient dans une des tribunes élevées pour la circonstance. A la chambre des communes, ils jouissent d'un avantage analogue. La salle est petite, mais ils ont toujours le droit d'y faire admettre au moins trois des leurs. Au printemps de 1886, alors qu'avait lieu la lutte contre le *Home Rule bill*, on s'étouffait chaque soir pour entendre parler M. Gladstone qui se prodiguait, les membres s'asseyaient les uns sur les autres et, dans le public, on eût fait des bassesses pour avoir une carte. Chaque fois que j'eus la chance d'assister aux séances, je retrouvai trois élèves de Westminster qui écoutaient de toutes leurs oreilles; l'un d'eux surtout, toujours le même, semblait absorbé dans l'attention qu'il prêtait aux orateurs; j'aurais voulu savoir son nom; peut-être sera-ce quelque grand ministre comme lord John Russell, quelque grand citoyen comme Warren Hastings, lesquels ont contribué, avec Locke, Dryden, Christophe Wren, Gibbon et bien d'autres, à illustrer l'école de Wesminster.

Ces privilèges ont leur valeur, comme on le voit; mais il n'y a pas de jubilé tous les ans et on peut entendre M. Gladstone ailleurs qu'au parlement; les parents qui se font ces réflexions et trouvent d'autre part que, dans ce quartier londonien, les maisons poussent mieux que les arbres, préfèrent ne pas y mettre leurs enfants, et cela se comprend. Il ne reste donc plus en fait d'internes que les 40 *scholars* établis par Elisabeth et environ 55 élèves résidant dans deux *boarding houses*; tous les autres, au nombre de 140, sont externes. Les collèges de Londres se trouvaient dans l'alternative ou de se transporter à la campagne, ou de devenir des externats. Charterhouse, nous l'avons vu, a pris le premier parti; Westminster prend le second. Il y a bien un procédé mixte qu'ont employé les directeurs de la grande école de Saint-Paul : ils ont quitté la cité pour s'établir à l'extrémité de

Londres, dans le quartier d'Hammersmith. Là on est assez loin du centre malsain et enfumé pour avoir des internes, et d'autre part beaucoup de parents sont venus se loger aux environs; l'*Underground* (chemin de fer souterrain) met en communications rapides avec la cité ceux qui y ont des affaires quotidiennes, et ils peuvent avoir leurs enfants auprès d'eux sans préjudice pour la santé de ceux-ci. Mais, à Westminster, on a pensé que, si l'on n'adoptait pas cette mesure radicale : le transfert à la campagne, il fallait respecter les souvenirs historiques et demeurer à l'ombre de l'abbaye; après bien des tergiversations, on est resté, et il semble désormais à peu près certain qu'on ne bougera pas.

Le *head master* s'en félicite. Bien qu'il n'aime pas beaucoup les *public schools* et Eton en particulier, il admet qu'il faut des collèges comme ceux-là; mais lui, personnellement, se place à un point de vue très différent : il songe à la classe moyenne et voudrait voir l'instruction secondaire plus répandue. Sans doute il y a des bourses nombreuses qui procurent à l'élite de cette classe une éducation très raffinée ; mais rien qu'à l'élite. Et puis, il est grand admirateur de l'externat ; il espère que cette combinaison qui permet aux enfants de rester près de leurs parents et fait ainsi du bien aux uns et aux autres, entrera complètement dans les mœurs ; et il ajoute que l'externe est le seul qui pourra mener de front la vie athlétique indispensable à sa formation physique, et le travail intellectuel avec les développements qu'exigera bientôt l'opinion publique. Attend-il quelque chose du gouvernement ? Oui et non. Une loi unique et égalitaire, supprimant les vieux privilèges et l'autonomie des collèges et les ramenant tous au même type, serait désastreuse si elle était possible ; mais un diplôme, une sanction donnée aux études par l'État constituerait une amélioration.

Cela dit, nous commençons la visite de l'école par une promenade à travers les classes de français, de mathématiques, de grec, d'histoire, de philosophie et de physique. Derrière moi s'introduit dans l'une des classes un gros livre qui fait sa tournée aussi, et sur lequel le professeur inscrit quelques noms ; je ne sais pas ce qu'ont fait ceux qui les portent, mais évidemment ce sont des victimes. J'ai alors le souvenir très net d'un registre semblable vu fréquemment dans mon enfance, qui n'est pas encore loin : on y marquait les absents et retardataires; cette opération faite, ceux-ci ne pouvaient plus rentrer qu'avec une demi-douzaine de billets explicatifs. Renseignements pris, le gros livre, à Westminster, s'appelle le « detention book ». Il contient la liste de ceux qui, n'ayant pas su leurs leçons ou fait leurs devoirs, devront travailler pendant la récréation... Voilà une triste et misérable innovation pleine de dangers pour l'avenir; mais le profesasseur, qui se met à rire de ma mine déconfite, m'assure qu'on ne peut agir autrement ni recourir à d'autres moyens de punition dans un externat.

Les 40 *Queen's scholars* qui sont admis au concours et ne conservent leurs *scholarships* que s'ils passent d'une façon satisfaisante un examen annuel, ne payent que £ 30 (750 francs), à la différence des *boarders*, qui payent £ 95 (2375 francs); il y a des demi-pensionnaires qui payent £ 54 (1350 francs) et des externes :

ceux-ci, pour £ 14 par an, peuvent en plus du tarif les concernant (£ 30) prendre au collège le repas de midi. On invite les parents, s'ils demeurent trop loin, à choisir cet arrangement plutôt que de laisser les enfants aller au restaurant, comme cela s'est fait parfois, non sans inconvénient. Ces prix sont fort élevés ; ce n'est pas encore là de l'éducation « for the million ». Les *scholars* habitent dans une grande galerie divisée en « cubicles » par des cloisons. A Noël, ces cloisons disparaissent momentanément et la galerie devient une salle de théâtre où, depuis des temps immémoriaux, les élèves jouent devant un public choisi... une comédie de Térence.

Dans les *play-rooms*, beaucoup de journaux illustrés : à côté, une vaste bibliothèque avec un salon confortable, mis à la disposition des élèves. Leur champ de *cricket* est malheureusement assez loin. Dans les galeries du fameux cloître attenant à l'abbaye est installé un gymnase ouvert à des heures déterminées : en use qui veut ; pour le moment, on y fait quelque chose qui ressemble à de l'escrime, avec plus de conviction que d'adresse.

Souhaitons à Westminster de brillantes destinées dans la voie nouvelle où l'école est engagée. Mais puisse-t-elle se transformer complètement en externat! Ce n'est pas assez que les externes y dominent; il faudrait qu'ils y fussent seuls; le mélange des externes et des internes n'est guère satisfaisant d'ordinaire.

CHRIST'S HOSPITAL

C'est encore une transplantation à opérer, celle des *blue-coat boys*. Assurément on regrettera leur absence, à ces petits arlequins si bizarrement accoutrés. Mais si le pittoresque y perd, le bon sens y gagnera. Outre qu'il est ridicule, leur costume doit être bien incommode ; ils ont des bas jaune serin qu'ils doivent prendre soin de tacher le moins possible !... et par là-dessus une espèce de grande redingote lévite en drap bleu, qui leur descend volontiers jusqu'au talon ; pour jouer plus à l'aise, ils ont coutume d'en nouer les pans derrière leur... dos, et ce paquet qui ballotte au moindre mouvement ressemble aux tournures plates-formes que les Parisiennes ont adoptées depuis deux ans.

La seule chose que les *blue-coat boys* apprécient dans leur costume, c'est l'absence complète de chapeau; mais on pourra leur concéder cet avantage quand ils seront en bon air loin de Londres et qu'ils auront quitté leur tenue de carnaval pour quelque chose de plus moderne. Là aussi il existe des privilèges auxquels il faudra renoncer. Un jour par an les *King's boys*, élèves d'une classe de mathématiques fondée par Charles II, sont reçus à la cour; une autre fois ils vont en procession trouver le Lord Maire, qui leur donne à chacun une pièce de monnaie nouvellement frappée. Christ's Hospital date du règne d'Edouard VI; on évalue assez approximativement, je crois, ses revenus à £ 70 000 (1 750 000 francs). En tout cas, ils doivent être considérables, car les enfants admis entre 7 et 9 ans sont, si je ne me trompe, élevés gratuitement et il y en a près de 1200; ils vont d'abord dans une école préparatoire à Hertford. On les destine surtout au commerce, mais ils reçoivent une instruction très complète et les plus capables sont dirigés vers l'Université. Christ's Hospital est, on le voit, un *public school* d'un genre très spécial ; le grand nombre de ses élèves lui donne de l'importance, mais il est indispensable qu'on ne laisse pas ceux-ci respirer plus longtemps les âcres brumes de la cité et qu'on ne leur impose plus un accoutrement réellement indigne d'une nation civilisée. J'ajouterai pour finir que l'organisation intérieure de l'école n'est pas bien luxueuse, ce qui se comprend : des cours de récréation entre quatre murs et des dortoirs comme en France ; il y a cependant une très belle piscine, un atelier de menuiserie et un champ de *cricket* hors de la ville, ce qui empêche d'y aller très fréquemment. « C'est tout ce que nous pouvons leur donner, dit M. X... en soupirant ; ce sont là des choses de première nécessité. » Ce n'est pas moi qui le contredirai ; mais combien de mes compatriotes qui hausseraient les épaules au seul énoncé de ces « choses de première nécessité » !

GÉNÉRALITÉS ET CONCLUSION

Je place ici quelques remarques d'ensemble ainsi que des détails que je n'ai pas eu l'occasion de donner chemin faisant, et qui me semblent de nature à rendre mes explications plus nettes et plus claires. Il est très décousu, ce livre; quant à cela, aucune illusion n'est possible et je ne m'en fais pas. Mais j'aime mieux avoir gardé à mes notes leur texte primitif en les ajustant tant bien que mal au bout les unes des autres. Cela doit conserver ainsi un certain cachet de vérité; et puis, il y a de l'imprévu; les gens sérieux ne liront que les chiffres et les gens..... moins sérieux les passeront. Voilà tout. En dernier lieu, c'est mon début et j'ai droit à quelque indulgence. Cette parenthèse fermée, je vous parlerai des « debating Societies ».

Les « debating Societies » ne sont pas l'une des moindres particularités de l'éducation anglaise. On nomme ainsi des assemblées où les usages parlementaires sont scrupuleusement suivis et où l'on s'exerce à la parole; il y en a sur toute l'étendue du Royaume-Uni, dans les plus petites villes; mais c'est surtout dans les collèges qu'il faut entendre les discussions pour se faire une idée de la liberté d'opinions qui y règne. M. de Hubner cite un collège hindou où il trouva les étudiants occupés à discuter, sous la direction de leurs maîtres anglais.... savez-vous quoi? Je vous le donne en mille!..... s'il ne serait pas préférable pour l'Inde de secouer le joug de l'Angleterre. Voici un autre trait qui peut faire pendant : à Stonyhurst, chez les Jésuites, le débat porte un soir sur le procès et l'exécution de Louis XVI, non au point de vue de l'acte en lui-même, qui est universellement blâmé, mais au point de vue du droit; au vote, les voix se divisent; beaucoup nient, mais plusieurs aussi admettent le droit qu'a la nation de juger le roi. — Une telle liberté de pensée choquerait en France, parce qu'elle produirait des divergences et par suite des querelles ; là-bas, ces divergences ne troublent en rien la paix du foyer : le père le plus conservateur ne s'indignera pas d'entendre son fils faire, en sortant des bancs scolaires, une profession de foi radicale. « Mon garçon est *home-ruler*, me disait un Irlandais : il adore Gladstone ; moi, je le hais ! »

Ce sont naturellement les plus grands qui prennent part aux débats ; parfois on tire au sort les noms de villes et de districts qu'ils sont censés représenter ; cela leur fait apprendre à fond la géographie du pays, dont on les improvise ainsi députés : ne faut-il pas qu'ils connaissent les « besoins de leurs électeurs » ? Rien de drôle alors comme de les entendre s'appeler gravement « the Right honorable Gentleman, the Member for West-Birmingham, » ou bien « the Member for Middlesex ». C'est un parlement en miniature. Il y a un ministère et une opposition que l'assemblée peut porter au pouvoir par ses votes. Le premier ministre ouvre et clôt la séance et on choisit le sujet par avance d'accord avec le chef de l'opposition. Il est défendu de lire; on ne peut que se servir de notes. Toutes les « debating » ne sont pas forcément organisées de la sorte : il y en a bien où la littérature remplace la politique; mais ce qui est général, c'est le fait de s'assembler pour parler sur un sujet quelconque. Ce qui n'est guère moins curieux, c'est le journal rédigé par les élèves et imprimé sous leur direction. Arnold créa lui-même à Rugby un Magasin, une Revue; cet exemple a été partout suivi; pas un collège important qui n'ait son fascicule hebdomadaire ou bimensuel. Voyez-vous nos rhétoriciens admis à faire paraître leurs élucubrations dans un journal! Eh bien, là-bas, cela paraît tout simple et ça l'est en effet, car la censure n'est pas souvent forcée d'intervenir.

Il y a de tout dans ces revues : d'abord la chronique des mille petits faits de chaque jour, puis des souvenirs de vacances, des impressions de voyage avec croquis à la plume si l'auteur est artiste, des articles littéraires et scientifiques; la revue sert d'organe à la *debating Society* ainsi qu'aux clubs athlétiques; les maîtres y feront au besoin insérer des avis sur un changement de règlement, sur une mesure nouvellement adoptée, etc. Les anciens s'y abonnent pour rester au courant de ce qui se passe dans leur collège; il y a aussi des abonnements d'échange entre différents collèges. Et voilà comment un jeune rédacteur de dix-sept ans a pu me dire d'un air satisfait : « Nous tirons à 1000 exemplaires. » Ma parole! j'étais jaloux. Eh quoi! cela ne leur suffit pas de n'avoir pas de rangs, pas de cloches, pas de notes, pas d'études fixes, peu de silence... et pas d'abondance! Il faut encore qu'ils aient une Revue et qu'ils tirent à 1000 exemplaires!

Jusqu'ici j'avais surtout mis en scène des professeurs; mais il va sans dire que je n'ai jamais perdu l'occasion d'interroger les élèves, surtout pour apprendre d'eux les petits détails intimes qui en disent plus long que les considérations les plus doctes. J'ai voulu savoir, entre autres choses, ce qu'ils pensaient des pensums? — ils les haïssent; — des amendes? — ils les redoutent; — des verges? — ils les aiment; voilà le résultat de mon enquête.

Sur le premier point, je les approuve cordialement. L'idée de faire recommencer un devoir mal fait n'a en soi rien que de naturel; mais l'idée de faire copier des « lignes » est certainement l'une des plus saugrenues qui aient jamais pénétré dans une cervelle humaine. Il n'y a pas de meilleur moyen de rendre les écritures illisibles et les esprits engourdis. — Cela écarté, il reste l'amende et le fouet. La liberté dont jouissent les enfants anglais a pour corollaire indispensable la responsabilité. Par là j'entends l'inévitable châtiment ou l'inévitable dépense auxquels s'exposent les auteurs d'un méfait sans que leur repentir ou leur sagesse ultérieure ou antérieure puissent y rien changer. De même que certains prix mis au concours comportent, nous l'avons vu, de petites sommes d'argent, de même on emploie volontiers le système des amendes, surtout s'il s'agit d'un dommage réparable en payant. Si un élève s'endette quelque peu et que ses parents se refusent à le tirer de ce mauvais pas, on le force à vendre ses bibelots et ses gravures, pour amasser ainsi la somme nécessaire.

Quant au châtiment corporel, pour faire comprendre sa popularité, il faut rappeler le souvenir de ces jeunes gens qui se révoltaient naguère parce qu'il était question de le supprimer de leur horizon. Loin d'être considéré comme infamant, on le regarde comme un concours de courage, le patient ayant souvent fort à faire pour retenir ses larmes ou ses cris. Il reçoit généralement entre 10 et 14 coups (pas jusqu'au sang). Mais si, comme on le prétend, tout Anglais qui n'a pas encore reçu le fouet aspire secrètement à le recevoir, on peut être certain qu'une fois ce vœu exaucé il ne sera plus si pressé de mettre bas son pantalon. Il est évident toutefois que le patient ne se sent pas insulté et que l'opinion, considérant les coups comme la répression naturelle, n'y attache aucune signification humiliante. Un de mes amis m'a raconté comme quoi, après lui avoir appliqué consciencieusement la correction qu'il avait encourue, le *head master* lui avait dit, une fois, en mettant des lunettes sur son nez et un bienveillant sourire sur ses lèvres : « J'espère que vous avez de bonnes nouvelles de tous les vôtres. » — On voit la scène d'ici, et mon ami, en se la rappelant, ne pouvait s'empêcher d'en rire encore.

Mon Dieu! tout cela, c'est une affaire de préjugés après tout; et on peut la discuter sans prendre feu et flammes *pour* ou *contre*. Les verges développent bien le courage stoïque, mais le sport n'a-t-il pas, lui aussi, le même effet? Il faut bien se rendre compte que les jeunes Anglais n'en restent pas à cette bienfaisante et délicieuse fatigue que goûtent les dilettanti du sport; ils ont des entraînements pénibles, des souffrances réelles à endurer, des dangers même à affronter avec insouciance et sang-froid; c'est un concours d'énergie et un concours de tous les instants : il n'y a rien qui trempe les âmes plus fortement. Voilà pourquoi les châtiments corporels n'ont pas une aussi grande portée qu'on veut bien le dire. J'ajouterai qu'ils sont à présent devenus beaucoup plus rares. Dans les grandes écoles personne ne s'en plaint; c'est du sein des classes moyennes que commence à monter une clameur de protestation inspirée par le sentiment de la « dignité humaine ». Pauvre dignité humaine, on lui en fait avaler de si raides qu'elle serait mal venue à se plaindre d'un usage qui ne l'entache en rien. Quoi qu'il en soit, pour répondre à ce sentiment, beaucoup de *private masters* ajoutent à leurs prospectus : « No corporal punishment; Pas de punitions corporelles. »

Soit! pourvu que l'on n'en vienne pas à l'inepte pensum!... Dans certaines écoles congréganistes, on a remplacé le traditionnel moyen de répression par des férules, des coups assez violents donnés sur les doigts ou le dos de la main; cela est plus commode pour le bourreau, mais l'invention est malencontreuse. Si l'on se décide à frapper, ce ne sont pas les mains, toujours faciles à estropier, qu'il faut choisir... je n'insiste pas.

M. Taine, dans ses remarquables *Notes sur l'Angleterre*, a fait un tableau très sombre de la vie de collège... Je crois qu'il s'en est rapporté à des publications déjà anciennes dans lesquelles le « fagging » jouait un grand rôle précisément parce qu'on voulait le faire disparaître. Les écrivains, dans ce but, réunissaient pour noircir cette institution tous les abus qui avaient pu se produire çà et là. Tom Brown a été berné dans une couverture et rôti le long du feu jusqu'à se trouver mal, parce qu'il ne voulait pas céder à un grand son billet de loterie... c'était une lâcheté! Mais je crois qu'il est difficile d'en conclure qu'on rôtit tous les petits enfants qui ne veulent pas céder leurs billets de loterie. Jamais, en tout cas, pareil fait ne se produirait aujourd'hui. J'ai déjà dit quel brillant succès a couronné les efforts tendant à supprimer les brimades; on est parvenu à les faire presque complètement disparaître, et cela sans entamer en rien cette hiérarchie scolaire qui est la pierre angulaire de tout l'édifice, parce qu'elle seule rend possible l'usage de la liberté et la pratique du sport. — Dans nos lycées, les censeurs, les proviseurs, les préfets des études, les surveillants surtout forment une véritable armée et pourtant la vie des élèves est bien simplifiée par sa monotonie même; ici, tout marche avec quelques maîtres qui professent et dirigent à la fois,

Pourquoi ? — Parce que les *præpostors* sont leurs auxiliaires et les plus puissants auxiliaires que l'on puisse trouver.

Les élèves d'un collège anglais sont divisés en somme en trois catégories : ceux qui obéissent ; ceux qui sont indépendants ; et ceux qui commandent. Sont indépendants les *Fifth Form* (classe intermédiaire) ; mais ils se rangent de préférence du côté du pouvoir qu'ils exerceront à leur tour l'année suivante. Quant à ceux qui commandent, l'important est qu'ils reçoivent directement l'impulsion des maîtres. Quand Arnold arriva à Rugby, il trouva justement que les grands étaient laissés à eux-mêmes, que personne ne prenait soin de les inspirer, de les guider...... il en résultait une tyrannie maintenue trop souvent par la terreur. Arnold commença — et tous suivirent ensuite son exemple — à faire des grands ses lieutenants. Traités en hommes, intéressés au bon ordre, fiers de leur mission, ceux-ci répondirent merveilleusement à ce qu'on leur demanda. Leur commandement est peut-être parfois un peu brusque de forme, mais il est réfléchi et extraordinairement *raisonnable*.

Voilà ce que M. Taine ne dit pas; il est vrai que nous sommes en 1888 et non en 1869, époque à laquelle, si je ne me trompe, il écrivit son livre. — Il n'y a pas que les *præpostors* qui exercent le pouvoir; dans chaque *boarding house*, il y a un *cricket-captain*, un *foot-ball-captain*, un *House-captain* (celui-ci nommé non d'après ses capacités athlétiques, mais d'après son travail et ses succès)... autant de « fonctionnaires » qui contribuent à la police générale.

Ceux qui obéissent, c'est la masse des classes inférieures et, d'une façon plus particulière, les « fags » désignés à tour de rôle. Le *fagging* en effet n'a pas complètement disparu. Je sais même encore quelques établissements où les *fags* vont chercher le déjeuner des grands à la cuisine et faire griller leurs tartines — et quelques professeurs qui trouvent cela tout naturel et souhaitent que ce vestige d'un vieil usage ne disparaisse pas à son tour. Quant aux élèves, ils se montrent fiers d'être gouvernés par les aînés d'entre eux; il en était ainsi même alors que le *fagging* était un vrai esclavage dans l'exercice duquel les malheureux recueillaient un grand nombre de taloches au passage. L'autorité des *præpostors* reste donc franchement populaire; d'autre part, elle est une nécessité : il importe seulement qu'elle achève de se dégager de tout service domestique.

L'étude des langues vivantes est fort à la mode en Angleterre actuellement; mais personne ne la prône plus que M. Haysman, inventeur d'un « Système International » qui n'est pas sans mérite. Il est vrai que ce système a surtout pour objet d'améliorer l'éducation commerciale, mais ce n'est pas une raison pour le passer sous silence. Il est basé sur ce principe qu'il est fort difficile d'apprendre à fond une langue étrangère hors du pays où cette langue est parlée, à moins qu'on n'y sacrifie beaucoup de temps et qu'on ne donne à cette étude le pas sur toutes les autres. Voilà pourquoi M. Haysman, qui a établi à Londres un collège où les études commerciales sont très développées, se charge de faire passer la mer à ses élèves afin que, pendant quelques mois, chaque année, ils puissent résider, soit en Allemagne, soit en France. C'est une éducation à roulement continu; les parents n'ont à s'occuper de rien; grâce à un arrangement qu'il a conclu avec les directeurs des « meilleures maisons d'éducation » de Boulogne, Amiens, Paris, Bonn et Hanovre, M. Haysman conduira leurs enfants dans la ville qu'il leur plaira d'indiquer et les y laissera le temps voulu; les mesures sont prises pour que les élèves pendant le temps de leur séjour à l'étranger puissent continuer à suivre les cours commencés en Angleterre.

La théorie n'est pas mauvaise assurément; sans parler de la justesse du principe sur lequel elle est basée, il est certain qu'à un âge où l'intelligence est si apte à recevoir des impressions et la mémoire à les fixer, ce séjour à l'étranger peut avoir de bons résultats; on chasse de la sorte bien des préjugés avant qu'ils se développent et l'on ôte aux idées à venir beaucoup d'étroitesse. On peut ajouter que cette éducation internationale semble convenir à une époque où la vapeur et l'électricité ont tellement rapproché les distances que l'homme ne *peut* plus pour ainsi dire se renfermer dans les frontières de son pays.

Dans la pratique malheureusement, il est arrivé que les élèves de M. Haysman, transportés par groupes dans un monde scolaire dont les idées et les habitudes heurtaient les leurs, se sont constamment tenus à l'écart de leurs condisciples momentanés et n'ont pas fait par conséquent tous les progrès désirables. Quant aux collèges qui les reçoivent en France et en Allemagne, ils sont bien loin d'être les meilleurs. Ces restrictions faites, l'idée de M. Haysman n'en reste pas moins originale et est appelée sans doute à être appliquée plus tard dans des conditions plus favorables.

Il est généralement admis en France que l'éducation anglaise est encore basée exclusivement sur l'enseignement religieux. Ceux qui pensent ainsi sont à tout le moins très en retard, si même ils ne sont pas complètement dans le faux : car la religion protestante est peu faite pour servir de base à une éducation quelconque; je veux dire quelques mots du rôle qu'elle joue actuellement dans les collèges anglais.

Ces collèges ont presque tous à leur tête un *clergyman* et la plupart des maîtres qui l'assistent appartiennent aussi au clergé. D'autre part, beaucoup poursuivent encore le même idéal qu'Arnold : faire des « christian gentlemen ». Mais quels moyens ont-ils en leur pouvoir pour atteindre ce but, autres que la persuasion et l'exemple? — Est-ce que les élèves se confessent? Est-ce qu'il entre dans l'esprit du protestantisme de faire précéder tous les exercices, classes, études, etc., par des invocations et des oraisons? avant le repas, oui : mais ce n'est qu'une courte phrase escamotée dans un déploiement de serviette. En somme, la journée scolaire s'écoule presque sans pratiques religieuses d'aucune sorte. L'enseignement théologique n'est donné que le dimanche : à la chapelle, ce jour-là, il y a le service et un sermon pendant lequel on n'exige qu'une tenue respectueuse. Et si les parents expriment le désir que leur enfant n'y assiste pas, on l'en exemptera sans se croire pour cela obligé de le renvoyer. Quel est le collège catholique où un élève serait dispensé des offices? Il n'y en a pas et, dans un certain sens, il ne peut y en avoir. Ici le culte a une élasticité qui s'accommode des attitudes les plus diverses. Qu'un enfant dise hautement dans l'école qu'il est athée, on le priera de s'en aller ; les Anglais ont encore ce bon sens de regarder un athée ou celui qui se dit tel comme une bête malfaisante; mais à part cela, il est bien libre d'ajouter quelque chose au credo qu'on lui a appris ou d'en retrancher des articles. — Il y a, dans le rite de l'Église d'Angleterre, une communion qui diffère essentiellement de la communion des catholiques : cet acte n'a rien de forcé : on voit, dans la vie d'Arnold, combien il était pénétré de joie quand il avait amené quelqu'un de ses *boys* à l'accomplir; mais comment les avait-il conquis? Par son exemple, par sa parole et son enseignement du dimanche, cela est vrai, cependant leur demande n'en était pas moins spontanée, réfléchie : nul règlement, je dirai presque nulle pression de l'opinion, ne les avaient obligés à la formuler.

« L'enseignement religieux dans mon école,

dit un *head master*, est donné le dimanche conformément aux principes de l'Église d'Angleterre ; mais je *m'efforce* surtout (il ne se reconnaît que le droit de s'efforcer) d'amener les enfants à mettre la religion en pratique. Dans toutes les occasions, je les encourage à agir par honneur et par devoir et non pas par crainte d'une punition. Je ne perds pas l'occasion de déposer dans leur esprit le germe des aspirations nobles et généreuses, le culte de la vérité et de la droiture, l'amour de la lutte contre soi-même et le sentiment de la fraternité des hommes entre eux : et je veux faire en sorte qu'ils puissent trouver en moi un ami plutôt qu'un maître. » (Grosvenor school, Twickenham.) — Voilà bien en effet le but moral de l'éducation anglaise ; mais est-ce un but religieux ? *oui*, si l'on entend par religion la croyance en Dieu et l'obligation reconnue de faire le bien ici-bas ; *non*, si la religion veut dire culte, société, ensemble de dogmes. Si c'est là ce qu'on entend par une éducation exclusivement basée sur l'enseignement religieux, je ne sais pas quelle autre éducation on pourrait adopter sans tomber dans l'athéisme et l'immoralité. J'estime, au contraire, que dans les collèges anglais il y a un minimum de pratiques religieuses.

La libre pensée ayant fait depuis quelques années des progrès, il s'est formé un petit noyau d'hommes qui tendent à chasser Dieu de l'école; mais ils n'ont pu arriver à conquérir que quelques « cramming » où leur cynisme a tellement révolté l'opinion qu'actuellement dans les *private schools* une réaction en sens inverse se produit. Dans un de ces « cramming » un père, laissant son fils, disait au directeur : « J'ai confiance que vous le ferez réussir à l'examen : mais je vous recommande aussi son âme. — His soul? Sir! répondit le grossier personnage : I dont know that he has a soul or not: I'll try to send his body to India; that s'all I can say[1]. »

— On comprend que de telles paroles aient soulevé l'indignation publique et fait échouer les efforts des libres penseurs. Quant aux *public Schools*, ces turpitudes ne les atteignent pas

---

[1]. « Son âme, monsieur? Je ne sais pas s'il a une âme ou s'il n'en a pas. Je tâcherai d'envoyer son corps dans l'Inde. Voilà tout ce que je puis vous promettre. »

et ne les atteindront pas d'ici à bien longtemps. Précisément parce que la religion n'y est pas imposée en tant que culte, nul ne songera à reprocher à ceux qui les dirigent de l'enseigner à leurs élèves.

Ce qui est plus difficile encore à analyser que l'éducation religieuse, c'est l'éducation patriotique, parce qu'elle est encore moins apparente. En Angleterre, le patriotisme a une puissance extraordinaire, mais il est d'une nature toute spéciale. Pour nous, Français, la forme sous laquelle nous nous le représentons le plus aisément, parce que c'est aussi sous cette forme que nous avons eu le plus souvent l'occasion de l'exercer, c'est le sacrifice de la vie sur le champ de bataille. Or j'ai entendu plusieurs fois des Anglais manifester à cet égard des sentiments très peu chauvins. Cela choque tout d'abord et il faut du temps pour se convaincre que chez ce peuple, qui a conquis une partie du monde non par les armes, mais par le travail, l'amour du pays ne peut revêtir la même forme que chez nous. Quant à dire qu'il n'existe pas, c'est oublier l'orgueil britannique qui tourne tout autour du globe, c'est oublier la communauté d'idées et de sentiments qui réunit comme par un fil invisible tous les Anglais semés à sa surface, c'est oublier la récente manifestation du Jubilé si imposante par son caractère d'unanimité, c'est oublier enfin toutes les fortunes particulières qui ont été dépensées pour donner à l'Angleterre le premier rang même dans des choses en apparence futiles ; et surtout l'initiative privée avec ses innombrables fondations de tous genres, les corps de volontaires qu'elle a organisés et la flotte qu'elle avait même tenté d'armer.

Ce patriotisme-là, on ne l'enseigne pas au collège ; il semble inné chez tout Anglais avec la fierté un peu dédaigneuse de sa race ; et il est contenu tout entier dans un chant qui est une véritable profession de foi nationale et que l'on entonne en toute circonstance dès qu'il y a le moindre prétexte de rendre un hommage, même indirect, à l'Angleterre. Je renonce à compter combien de fois je l'ai entendu, ce *God Save the Queen;* mais en deux circonstances il m'a permis de me rendre compte de la profondeur du patriotisme anglais. C'était d'abord dans le salon d'un château : quelqu'un jouait du piano ; dans l'embrasure d'une fenêtre, assis sur une haute banquette, un petit garçon de onze ans — le fils de la maison — lisait dans un grand livre, lequel le captivait à tel point qu'il ne m'avait pas entendu entrer..... Après beaucoup de morceaux plus ou moins harmonieux, qui se succédaient les uns aux autres presque sans interruption, le piano fit entendre l'hymne national. Le petit Anglais en était évidemment à un passage palpitant : il ne leva pas les yeux, mais glissa de la banquette et se tint debout, respectueusement. Quand le dernier accord eut retenti, il se rehissa sur son siège, toujours sans regarder autour de lui.

La seconde fois, le cadre était plus imposant : c'était dans cette merveilleuse grotte de Fingal dans laquelle les flots de l'Océan exécutent sur les piliers de basalte les concerts étranges que Mendelssohn a cherché à rendre. Les touristes, débarqués non sans peine sur l'îlot solitaire et couvert d'écume, avaient pénétré dans la grotte en suivant une rampe de fer scellée dans le roc : et là ils se tenaient muets d'admiration…. Bientôt les voix cherchèrent à réveiller les échos endormis dans les sombres recoins, puis une chanson écossaise s'envola vers la voûte, gaiement attaquée par quatre jeunes gens.…. Le moment de s'en aller était venu : les chanteurs improvisés ôtèrent leurs chapeaux et, aussi solennels que s'ils récitaient un psaume, entonnèrent le *God Save the Queen*. — Jamais le chant royal ne m'avait paru si beau qu'à travers les bruits multiples de l'air et des eaux, en ce lieu empreint d'une si grande majesté, et exécuté par des artistes plus que médiocres, mais qui incarnaient si bien l'âme de leur patrie !

LES ÉCOLES CATHOLIQUES

Les Jésuites possèdent en Angleterre plusieurs établissements, dont les deux principaux sont Beaumont, situé dans la forêt de Windsor, non loin de l'endroit fameux où fut signée la grande charte, et Stonyhurst, près de Blackburn (Lancashire). Ma première visite à Beaumont date de loin (juillet 1883), et la vue de ce beau château commença de faire évaporer les préjugés anglophobes que j'avais nourris jusque-là. J'allais voir un ami d'enfance qui y achevait son éducation : il vint me trouver dans un salon en rotonde, où m'avait introduit le plus correct des maîtres d'hôtel ; un père lui remit un trousseau de clefs, en lui recommandant de me montrer toute la maison et « de faire faire du thé à quatre heures ». Un élève des Jésuites qui commande du thé : cela me comblait d'étonnement..... Le collège en contient 190, mais on vient d'y ajouter un bâtiment destiné aux 60 plus jeunes, ce qui fera de la place pour autant de nouveaux ; le prix de la pension, tout compris, est entre 2000 et 2500 francs par an.

Stonyhurst est beaucoup plus grand et d'aspect plus majestueux avec ses cours et ses cloîtres, sa façade solennelle et sa chapelle se mirant dans les étangs ; bref, au point de vue matériel, l'organisation de ces deux collèges ne laisse rien à désirer ; mais ce qu'il est surtout intéressant d'analyser, c'est l'atmosphère morale, ce sont les concessions qu'ont faites les Jésuites anglais à l'esprit de liberté et d'individualité, si contraire aux principes de leur ordre. Ces concessions sont grandes ; pour s'en rendre compte il suffit d'ouvrir le *Stonyhurst magazine*, car Stonyhurst a aussi sa revue mensuelle ; j'en tiens un exemplaire qui est très instructif à cet égard : il contient la statistique des confessions la veille d'une fête (sans les noms, bien entendu) et la liste des congréganistes nouvellement admis ; mais à côté des congrégations de la Sainte-Vierge il y a la *debating Society*, les succès remportés par les *Onze* contre les *Cricketers* du voisinage et l'annonce d'un prix de 25 schellings (environ 30 francs) offert au meilleur nageur par la Société des anciens élèves. — Cette Société enfin donne un grand banquet au *Holborn restaurant*, à Londres, et une douzaine de pères Jésuites s'y viennent mêler aux convives : de ces menus faits et de beaucoup d'autres, que je ne cite pas, il faut conclure que les Jésuites n'ont pas, en Angleterre, la même rigidité de principes qu'en France et ailleurs, et qu'en entrant dans la Compagnie ils n'ont nullement renoncé à leur qualité d'Anglais ; aussi, quand on les compare à ceux des autres pays, on voit qu'ils constituent pour ainsi dire un ordre à part ; ils vivent isolés de leurs frères étrangers, avec lesquels ils se déclarent en parfaite communauté d'idées, ce qui en réalité n'est rien moins que véritable. Mais si l'éducation qu'ils donnent est très anglaise par un certain côté, elle diffère essentiellement par d'autres de ce que l'on observe dans les *public schools* et aussi chez les Oratoriens, qui, si j'ose m'exprimer de la sorte, forment avec les Jésuites un angle presque droit, en sorte que ces deux célèbres congrégations représentent pour les catholiques anglais deux courants pédagogiques très divergents l'un de l'autre. Les Jésuites en effet, tout en admettant une assez forte dose de liberté dans l'éducation, en écartent la responsabilité. Dans leur système, la discipline préventive occupe une grande place, et, en ce qui concerne la surveillance, ils se flattent « de tenir le juste milieu entre l'excès par lequel on pèche en France et le laisser-aller complet des *public schools* ». Le mot m'a été dit; il n'est pas juste en ce que la surveillance des *public schools*, pour être d'une nature toute différente, n'en existe pas moins; et, pour ma part, je la crois bien autrement efficace justement parce qu'elle n'est pas limitée à certaines personnes, mais qu'elle est exercée un peu par tout le monde. Autant que j'ai pu m'en convaincre, la surveillance exercée à Beaumont et à Stonyhurst n'est pas aussi effective que les maîtres le disent, et cela se comprend : elle cesse aux murs de la maison; les enfants passent continuellement d'un système à l'autre ; on leur met un harnais dedans et on l'ôte dehors. Ce serait peut-être plus habile de le leur laisser toujours en l'allégeant. Quelques Français ont été élevés à Stonyhurst et à Beaumont et ils en ont recueilli un grand bénéfice. Ce n'est pas sans danger qu'on les eût exposés à l'atmosphère des *public schools* qui les aurait grisés ; et il est certain que, si quelques réformes peuvent être introduites dans le système français, c'est par les jeux qu'elles pénétreront. Mais, pour des Anglais, je crois qu'il y a tout avantage à leur donner l'éducation véritablement libre dont les résultats dans ce siècle-ci semblent avoir été si probants et si dignes d'admiration.

C'est aussi ce qu'on pense à l'Oratoire de Birmingham, avec quelques petites restrictions qu'inspire la jalousie, laquelle est développée en Angleterre de collège à collège, à un point véritablement extrordinaire. L'Oratoire, appelé aussi Edgbaston, du nom du faubourg où il est situé, a été fondé assez récemment par le cardinal Newman, qui en a fait sa résidence. Était-ce pour y appliquer une nouvelle méthode? — Non ; le système ne diffère pas de celui d'Oscott, collège voisin de Birmingham où le cardinal a résidé longtemps : c'était plutôt pour en pouvoir diriger l'*esprit* tout à sa guise ; l'esprit qui règne dans un collège est chose si délicate, si indéfinissable ! Edgbaston contient 60 élèves, pas davantage ; je lui reproche surtout d'être enfermé dans le faubourg urbain d'une cité comme Birmingham, si pleine d'ateliers et de manufactures. — Quelle différence avec Oscott, situé dans la campagne, à quelques milles de là ! Au milieu d'un grand parc, sur le penchant d'une colline, assis sur une vaste terrasse coupée de parterres, s'élève un grand château gothique à tour centrale. En face la vue s'étend sur de lointains horizons jusqu'à Birmingham, dont les fumées tracent une bande noirâtre dans le ciel. Sitôt qu'il a franchi le seuil, le visiteur se trouve dans un cloître qui entoure la cour intérieure ; aux fenêtres, des vitraux coloriés avec les armoiries, les devises, les monogrammes des anciens élèves, dont chacun a tenu à placer là en s'en allant un souvenir de son passage. Les galeries sont remplies de peintures, de statues de marbre, de vieux meubles flamands, de bronzes antiques, de christs espagnols en ivoire….. et ce n'est rien encore à côté du musée, où sont entassées de véritables merveilles, des ornements d'Église des XIIIe et XIVe siècles, des missels, des autographes de prix ; tout cela a été laissé par lord Schrewsbury, le bienfaiteur d'Oscott, celui qui l'a doté aussi de toutes les terres qui l'entourent. Sont-ils heureux, ces grands seigneurs anglais, de pouvoir attacher leurs noms à de pareilles fondations !

Le collège célébrera l'an prochain son jubilé de 50 ans ; il a été le foyer naissant de ce mouvement catholique qui, au début du règne de Victoria, a brillé d'un si vif éclat. Malheureusement il y a trop de collèges catholiques en Angleterre : l'union fait la force et ils gagneraient à se fondre ; ici ils ne sont que 80 élèves et il y a place pour plus de 120. La bibliothèque est bien fournie ; beaucoup de livres sérieux, mais des « novels » aussi. « Pourquoi ne liraient-ils pas Walter Scott, ces enfants ? » me dit le Révérend S….. Pour sa part il n'y voit point d'inconvénient. Nous parcourons plusieurs salles de billards tout à fait confortables avec leurs divans de cuir ; on se croirait dans un club de Londres ; puis des salles de bains et d'autres, pour jouer quand il pleut, et enfin le hall, où se donnent les séances solennelles et qui sert d'étude dans l'habitude de la vie.

Les plus jeunes ont des dortoirs à cases séparées, où ils sont comme chez eux ; tous les grands ont des chambres spacieuses, dont ils complètent à leur guise le mobilier ; plusieurs ont des pianos ; on devine des goûts déjà décidés et très *manlike;* rien d'enfantin.

Jusqu'à 14 ans la pension est de 60 guinées ou 1560 francs ; après, elle monte à 1820 francs. Il faut ajouter :

Pour le blanchissage..................... 60 francs
— les jeux........................... 25 —
— le gymnase........................ 12 —
— une chambre à part................ 200 —
— l'imprévu, frais accessoires, etc., environ. 500 —

au total : de 2000 à 2700 francs suivant les cas ; la pension est donc moins cher que dans bien des *public schools*. Quant à la liberté, elle n'est pas moindre. Les garçons montent leurs vélocipèdes et filent jusqu'à Coventry. « Quel mal y a-t-il? se demande mon aimable interlocuteur : je sais bien ce qu'ils y font; ils descendent à l'hôtel, se payent un *comfortable dinner* et reviennent. Eh bien! c'est leur droit, s'ils ont de quoi. — Et qui vous prouve, dis-je, qu'ils n'ont pas été ailleurs? » Je vois encore son regard assuré et j'entends sa parole franche quand il me répond : « Je le verrais dans leurs yeux. Vous ne savez pas, continue-t-il, ce qu'est la physionomie de jeunes gens élevés ainsi : on y lit à livre ouvert. Je les dresse à ne jamais dire un mensonge. Un mensonge ne saurait sortir de leurs lèvres sans que je m'en aperçoive à l'instant; et pour cela, point de pitié. D'ailleurs vous croyez trop que le mal doit se glisser fatalement en eux; ils ne le connaissent pas, parce qu'à cet âge il n'y a que l'*ennui* et l'*anémie* qui puissent l'engendrer, et ils n'ont ni l'un ni l'autre; » et ce mot si typique, qui m'a été dit dans une autre circonstance, mais qui résume la même doctrine : « Nous les faisons larges d'épaules comme d'idées (*broad views and shoulders*). »

Tous les jeux sont en honneur à Oscott;

mais il y en a un particulièrement passionnant, paraît-il : c'est le *Bandy*, qui ressemble au *Hurling*, le jeu populaire des Irlandais. Ce qui me surprend, c'est l'absence de præpostors ; il en faudrait si les élèves étaient plus nombreux ; actuellement il n'y a comme autorité constituée que le capitaine, qui est toujours « the head of the house », le premier en force physique et intellectuelle (cela va plus souvent ensemble qu'on ne le pense) ; généralement un de ces jeunes hommes auxquels il ne manque plus que de longues moustaches, et qui embarrassent au premier abord ; car on hésite toujours s'il faut leur demander comment ils aiment le latin ou combien ils ont d'enfants?

Dans les corridors, je rencontre : 1° une *maid*, qui fait le service, ce qui me paraît un comble ; 2° au second étage, une odeur de tabac qui filtre à travers une porte. Il est vrai que c'est la porte d'un « philosophe ». « Et puis, dit le père, on ne peut guère empêcher les très grands de fumer une cigarette de temps en temps ; et, quant aux plus petits, la première qu'ils fument les rend malades ; j'aime autant qu'ils en fassent l'essai. »

Il y a ici un séminaire annexé à l'école ; il y a aussi une douzaine de « philosophes », mais je doute que l'institution produise de meilleurs résultats qu'à Stonyhurst, où les philosophes ne s'entendent guère qu'à chasser à courre et à faire du punch. Franchement ils seraient mieux à l'Université : je sais bien qu'ils n'y trouveraient pas abondance de ressources au point de vue de la pratique du culte catholique ; mais d'autre part, s'ils y étaient plus nombreux, ces moyens existeraient. C'est un cercle vicieux. Cette question sans cesse débattue, l'évêque de Birmingham, auquel je rends visite, la reprend en détail. Il ne regrette pas que le projet de fondation d'un collège catholique à Oxford ait échoué, car il ne croit pas aux services qu'aurait pu rendre un semblable établissement ; le pape s'y est opposé et en général n'aime pas qu'on laisse les élèves aller à l'Université : il redoute l'esprit de scepticisme qui, sous l'influence de la philosophie allemande, aurait envahi les sphères académiques. Il y eut bien un mouvement dans ce sens, mais je le crois arrêté aujourd'hui ; le rationalisme pratique qui domine dans certains collèges est-il bien dangereux d'ailleurs ? Et enfin pourquoi ne songe-t-on qu'à Oxford ? Il y a Cambridge qui, pour ma part, ne m'a pas laissé de meilleurs souvenirs qu'Oxford (c'est impossible!), mais dont j'ai certes meilleure opinion au point de vue du sérieux, du travail. J'y ai connu des catholiques qui y vivaient en parfaite intelligence avec leurs camarades et cependant n'avaient rien perdu de leur foi. »

En fait de liberté, les catholiques d'Oscott n'ont donc rien à envier aux élèves des *public schools*; lord Petre, dans un collège qu'il avait fondé et qui n'existe plus depuis quelques années, avait encore exagéré le système. Il m'a été impossible de me procurer en temps voulu des renseignements sur cette curieuse école : d'après ce que j'en ai entendu dire, c'était une sorte de République que les enfants administraient eux-mêmes; l'idée en était sans doute originale, mais il n'y a pas lieu de s'étonner qu'elle ait conduit à des mécomptes.

Au nord de l'Écosse, dans un vallon solitaire où le Canal calédonien vient déboucher dans le lac Ness, s'élève Fort-Augustus, ancien monastère de bénédictins transformé par eux en école; les élèves sont en très petit nombre. Le pays est sauvage et inhabité : des bruyères, des rochers et des bois sur la pente des montagnes, pas de chemins de fer; il faut venir en bateau, soit d'Oban par le canal, soit d'Inverness par le lac. En somme, Fort-Augustus n'est pas bien important, mais y entrer est le rêve de bien des petits Anglais, parce que la vie qu'on y mène est tout à fait incivilisée. Je demandais à quoi l'on passait son temps. « On court dans la montagne, me répondit un des jeunes habitants. — Et pendant la mauvaise saison? — On se boxe. »

SOUVENIRS UNIVERSITAIRES

I

Oxford, août 1884.

... Par une belle journée d'août, rien de plus charmant qu'Oxford! Elle est, il est vrai, veuve de ses étudiants, mais n'a pas l'air d'une cité morte. Tout ensoleillée et pleine de parfums, elle semble plutôt goûter le repos de la sieste. Grâce à une brise légère qui tempère la chaleur, on ne se lasse pas d'errer dans ce dédale de merveilles ; à chaque pas, c'est quelque chose de nouveau : le ciel bleu à travers une dentelle de pierre grise, une gargouille vétuste s'allongeant à l'angle d'un édifice, une tour, un clocher ou la masse d'une coupole imprévue surgissant tout à coup comme d'une boîte à surprises ; puis des ruelles mystérieuses, de sombres recoins, des escaliers tortueux et des cloîtres ouvrant leurs arceaux sculptés sur de grands jardins à l'aspect délicieusement frais.

Le chèvrefeuille grimpe aux façades et le lierre sur les pignons. Aux rebords des vieilles fenêtres gothiques, des paquets de fleurs mêlent leurs tons éclatants : elles égayent aussi la froide monotonie des constructions élevées par Christophe Wren, — le fameux architecte de Saint-Paul, — et dissimulent les pilastres noircis dont les pierres s'effritent, s'en vont par lambeaux, comme rongées par une maladie inconnue; et, dans les parcs, elles dessinent sur les tapis de gazon de charmantes mosaïques.

Montez à la *Radcliffe Library* par un petit escalier casse-cou; vous serez bien récompensé en atteignant le pourtour extérieur du dôme. L'œil embrasse le vaste panorama de la cité, dont les monuments se détachent sur une ligne pâle de bois et de collines : paysage tranquille sur lequel flotte comme un brouillard de nacre et dont les carillons mélancoliques qui chantent les heures troublent seuls le silence. — Partout le calme et le repos! C'est le paradis pour les vieux professeurs qui fouillent dans les cartons poudreux...

... Magdalen College s'agrandit. Mais l'architecte n'a pas cru pouvoir mieux faire que son habile devancier, et ses ouvriers sont en train de ciseler une figure qui, dans quelques années, ressemblera identiquement à sa voisine, à moins que celle-ci ne vienne à faire usage du *Pear's soap*. — Un portier débonnaire dort dans sa loge moyen âge. Au-dessus de lui se dresse la tour sur le sommet de laquelle se disaient, récemment encore, à l'aube du 1er mai, des prières pour l'âme du roi Henri VII. Et voici à côté la niche étroite, creusée dans le mur, qui sert à prononcer en grec le sermon de la Saint-Jean. Une jeune miss, tout de blanc vêtue, en prend un rapide croquis. Dans la chapelle, le soleil projette par les vitraux de grandes lueurs multicolores sur un monde de statues formant muraille au-dessus de l'autel, tandis qu'étincelle, entre les boiseries sombres, l'aigle-pupitre de bronze doré.

Et l'on va toujours, subissant le charme poétique de ces édifices solitaires, visitant les collèges les uns après les autres, passant du parc à la chapelle et de la chapelle au *hall.* — Le hall, c'est le réfectoire, pièce immense avec de hautes fenêtres, des lambris de chêne et de solennels portraits où sont représentés les grands personnages qui étudièrent en ce lieu. C'est là que, chaque soir, le dîner réunit les *collegiate students.* Il y en a qui résident en ville; mais il me semble que, à leur place, je ne sacrifierais pas au plaisir de me dire un peu plus libre, celui d'habiter ces vieilles demeures, qui ont à la fois la majesté de l'antique et l'éclat de la jeunesse.

L'*University calendar*, que je trouve sur la table du Clarendon-Hotel, donne une foule de renseignements précieux : les dates des cérémonies encore en usage et des jours fériés où les docteurs mettent leurs belles robes rouges; — la liste des grands dignitaires, en tête desquels figure lord Salisbury, comme chancelier; — celle des membres de la *Congregation*, corps délibérant qui gouverne l'université; enfin l'énumération des collèges avec une petite notice historique sur leur origine, l'indication des bénéfices ecclésiastiques qui en dépendent, le détail de leur organisation et la liste de leurs *fellows*. Il y en a vingt : tous, sauf le dernier, ont été établis entre 1263 et 1624 (pour ne pas remonter jusqu'à la fondation un peu problématique faite en 872 par Alfred le Grand). Parmi les fondateurs figuraient des rois, des évêques, des princes et aussi de simples particuliers : tous avaient en vue d'entretenir des écoliers pauvres avec les revenus des biens immobiliers qu'ils léguaient; mais ils réglementaient et le nombre des *fellows* et parfois leur origine, limitant les choix à ceux qui étaient nés dans tels comtés, étudiaient telle branche de la science ou avaient passé par tel établissement. Il arriva que les biens augmentèrent de valeur et les collèges s'enrichirent. D'ailleurs, d'autres largesses venaient s'ajouter aux premières : de nouveaux bienfaiteurs créaient des bourses ou laissaient même des sommes importantes sans en indiquer la destination. Les *fellows* se partageaient les revenus nets du collège; les *scholars* touchaient une allocation fixe pendant un temps déterminé; les *servitors* recevaient une part d'instruction en échange de certains services domestiques dont ils étaient chargés. La fortune des collèges augmentant toujours, on prit des *pensioners* : c'est dans cette catégorie que rentrent les étudiants actuels et leur nombre est illimité; ils payent, mais pas en proportion des avantages dont ils jouissent, car ils profitent de tout le luxe qui les environne.

Les collèges ont chacun un *visitor*, qui est un grand personnage ou bien le souverain lui-même, et un chef réel qui s'appelle *warden*, *rector* ou *master* : les *fellows* l'élisent; ceux-ci ne doivent pas être loin de 600 à Oxford, mais c'est à peine s'il y en a 200 prenant part directement à l'enseignement en qualité de professeurs (*lecturers*) ou de répétiteurs (*tutors*) : les autres y demeurent étrangers et travaillent pour leur propre compte. Ce sont des ecclésiastiques, des savants résidant dans le collège ou même des personnes vivant en dehors de l'université, qui jouissent de leur prébende pendant dix ans au plus et s'en servent pour se créer une situation ou se faire connaître. On conçoit de quelle estime sont entourés les *fellowships*. L'opinion publique ne tolérerait pas qu'un pareil avantage fût accordé à celui qui n'en serait pas digne, aussi le concours est-il peu à peu substitué au choix ; cette réforme est due à la commission qui, il y a peu d'années, a revisé les statuts des collèges, mais avec une extrême circonspection et en respectant dans les limites du possible la volonté du fondateur.

Le vice-chancelier reçoit une indemnité de 15 000 francs, me dit-on; le *master* d'un collège, 30, 40, quelquefois 50 000 francs, mais il est obligé à de grandes dépenses ; les *fellows* ont ordinairement entre 5000 et 7000 francs ; quelques-uns ont beaucoup plus et jusqu'à 18 000 francs ; pour les *scholars*, cela varie entre 500 et 2000 francs.

Faute d'étudiants à observer, il faut se contenter des types dépeints dans *Tom Brown at Oxford*, quitte à revenir voir une autre fois si la peinture est toujours exacte. Tom Brown, sorti de Rugby vers l'an 1842, vient ensuite faire ses trois années de stage à Oxford, dans un collège imaginaire où la paresse est dominante et où l'argent coule à flots : il a dix-huit ans; il est *commoner*, c'est-à-dire qu'il ne dîne pas à la table des *noblemen* (héritiers d'un titre nobiliaire), lesquels sont privilégiés de maintes façons, mais qu'il partage leurs plaisirs hippiques et autres; le sport nautique l'attire, et il devient un rameur de première force. Il se lie d'étroite amitié avec un *servitor*, caractère fier et ombrageux qui souffre d'une position subalterne et du dédain des riches. Cependant, à travers les péripéties de sa vie joyeuse, ses idées se forment et son bon sens le guide vers un autre idéal. L'auteur fait toucher du doigt à son héros tous les abus d'alors et, sans doute, lui prête ses propres raisonnements; et la première année se termine dans le tourbillon de cette semaine de fêtes qu'on nomme la *Commemoration*, pendant laquelle on danse follement sous les vieux portiques. La seconde année sera plus sérieuse. Tom se rapproche de ceux qui ne se contentent pas comme lui du diplôme ordinaire et aspirent aux « honneurs ». Du sport toujours; mais aussi des discussions politiques et sociales, des penchants philanthropiques qui se dessinent et le travail qui prend le dessus. Il est temps, car si les premiers examens sont faciles, le dernier ne se passe pas si aisément, et il n'est guère d'usage ici de se représenter indéfiniment avec l'espoir que la persévérance du candidat touchera les examinateurs.

Tous ceux qui ont passé à l'université au temps de Tom Brown s'accordent à vanter la fidélité du tableau; mais ce temps est déjà loin; le vent de la réforme a-t-il soufflé par ici? C'est ce que nous verrons.

Oxford, au revoir!

II

Cambridge, mai-juin 1880.

Cambridge s'élève en pays plat sur les rives de la Cam ; le chemin de fer l'approche de loin, avec respect, comme pour ne pas la déflorer, et aucun nuage de charbon n'en obscurcit l'atmosphère. La statistique lui reconnaît une population aussi nombreuse que celle d'Oxford, mais le visiteur lui trouve une apparence plus resserrée, des rues plus étroites, un parfum plus patriarcal. L'*alma mater* y règne sans conteste, et toute la vie se concentre autour d'elle ; c'est une république littéraire gouvernée par un sénat dont la juridiction s'étend à un mille de distance dans la banlieue.

Ses monuments, au lieu d'être disséminés

dans la ville, se sont réunis comme pour être mieux admirés, et ils ont formé une surprenante avant-garde dont l'apparition subite arrache aux arrivants une exclamation enthousiaste. C'est King's College, aux clochetons à jour, puis le palais sénatorial et les bâtiments du Caïus et Gonville, qui se montrent ainsi à un détour du chemin ; d'autres collèges suivent, ouvrant sur la rue leurs cours majestueuses, et, de l'autre côté, donnant sur les parcs au milieu desquels circule la rivière.

Il est quatre heures ; des escouades de périssoires de bois verni glissent à sa surface ; dans les prairies, une soixantaine de jeunes gens jouent au tennis. Cela, c'est la note gaie, la note moderne ; des promeneurs passent dans les longues avenues ombragées ; point de maisons de ce côté, rien que des arbres. Le meilleur moyen d'apprécier ce qu'on appelle ici : *The backs of the colleges (oh! shocking)*, c'est encore de monter soi-même une de ces séduisantes petites périssoires aux coussins confortables et de suivre le fil de l'eau entre les rives gazonnées ; on voit venir à soi, à travers les vieux arbres séculaires, la monumentale façade de Saint-John; la rivière en baigne les murs et passe sous un « pont des soupirs » délicieusement sculpté et percé de fenêtres grillées. Puis on sort de la ville, et la Cam s'élargit en fuyant vers la droite : un barrage vous arrête; au delà, c'est la navigation sérieuse, c'est le domaine des *eight-oars*. Dans l'autre sens, le paysage est plus verdoyant; les ponts se succèdent couverts de lierre et de glycine; de petits canaux transversaux se perdent sous le feuillage; à l'entrée de l'un d'eux, un canotier aimable m'informe que je vais à un marécage près duquel on ne tourne pas sans difficulté.

« You are a stranger in Cambridge?

— Not only in Cambridge but in England.

— German, perhaps?

— Frenchman.

— Frenchman, oh ![1] »

Et, levant son chapeau avec un demi-sourire de courtoisie, il me dit :

« Vive la république ! »

---

1. « Vous êtes étranger à Cambridge? — Pas seulement à Cambridge, mais aussi en Angleterre. — Allemand, peut-être? — Français. — Français, ah! »

Je réponds :

« *God save the Queen!* »

Et nous nous séparons.

Les collèges sont rangés sur la rive de gauche, les uns tout près de l'eau comme pour y chercher leur image, les autres cérémonieusement précédés de parterres à angles droits... Tout au bout, il y a un petit étang agité par les roues d'un moulin ; c'est plaisir de danser sur les vagues ! On erre à l'aventure, croisant des barques galantes où les jeunes gens promènent toute une partie de sœurs et de cousines, ou bien d'étranges bateaux à deux rames volantes qui décrivent les courbes les plus extravagantes, et toute la flottille des périssoires, tantôt filant joyeusement, tantôt paresseusement arrêtées le long des berges ; des solitaires y lisent et l'on ne voit émerger, tout d'abord, qu'un livre et un chapeau parfois estompés dans la fumée légère d'une cigarette.

Aujourd'hui a eu lieu la dernière lecture de la saison : encore était-elle supplémentaire ; les cours sont finis. C'était dans une petite salle qu'égayaient les fraîches toilettes de cinq ou six étudiantes, Cambridge possédant deux collèges de femmes. Le professeur Laurie, de l'université d'Edimbourg, a donné la lecture qui avait trait à l'éducation.

Vers le soir, les rues s'animent : c'est d'abord, à six heures et demie, le flot des étudiants qui rentrent s'habiller ; la plupart reviennent du *tennis* en vrais costumes d'arlequin : pantalons de flanelle blanche, vestes de même étoffe, rayée en couleurs éclatantes, chapeaux de paille à rubans assortis ; ils marchent sans bruit, avec leurs souliers de caoutchouc, s'appellent, flânent, entrent dans les boutiques. D'autres, par escouades, débouchent dans une direction opposée : ce sont les *oarsmen* [1], en assez piteux état, ceux-là tout en nage, avec des vêtements de travail, tachés d'eau ; ils n'ont de propre que la veste blanche galonnée aux couleurs du collège, avec l'écusson brodé sur la poche ; tous les équipages sont là : il y a le croissant noir de Trinity Hall, le lion bleu d'Emmanuel College et les trois roses de King's.

---

1. Rameurs.

Cependant le carillon de Sainte-Marie la Grande, dont la tour carrée s'élève en face du palais sénatorial, annonce sept heures, et bientôt les cloches des collèges se mettent en branle; nouvelle procession et apparition des manteaux noirs et des toques plates : vieilles reliques qui sentent la basoche et constituent ici le costume de cérémonie. Il arrive encore des retardataires qui se trouvent bien dans leur tenue de sport et, pour y rester, s'en vont au restaurant : on ne les force point de dîner dans les halls; mais, présents ou non, ils payent le repas, ce qui est un argument en sa faveur.

En allant dîner à Trinity, je croise un élégant qui se rend à quelque invitation particulière; deux diamants pour boutons de chemise et une rose au revers de l'habit; le *cap and gown* réglementaire fait là-dessus le plus singulier effet. Dans le hall, une rangée de domestiques très corrects; au fond, sur l'estrade, deux tables transversales pour les maîtres, les *fellows* et leurs invités. Autrefois les étudiants nobles y prenaient place aussi, mais ce privilège n'a été maintenu que pour les princes du sang. Je m'assieds à l'ombre des armes d'Angleterre sculptées dans la boiserie, et sous le regard du grand William Pitt, dont le portrait occupe la place d'honneur parmi les personnages qui décorent la salle. Autour de moi, il y a quelques vieux professeurs à la mode de nos facultés, mais la plupart sont des hommes vigoureux qui ont dû beaucoup aimer le *cricket*; les étudiants, dont le menu est un peu différent, dînent rapidement; d'autres leur succèdent, que nous laissons à table en nous retirant; c'est une fournée de *sportsmen* attardés.

On s'est ensuite rendu dans la *Combination-room*, grand salon de réception orné de portraits et de rideaux de velours à crépine d'or; chacun s'est installé à grignoter de petits gâteaux secs, tandis que quatre flacons de vin circulaient lentement. Quand ils ont eu accompli leur quatrième tour, le vice-maître a ramassé à terre un vaste câble qui sortait de la muraille et se repliait sur le tapis... il y en avait long comme d'ici à Pontoise; il s'est pendu à cette grosse corde et l'a tirée puissamment; on a entendu alors dans la salle voisine un tout petit timbre argentin... *Much ado about nothing* [1]; on a apporté du café; dix minutes après, nouvel appel et le thé s'est avancé triomphalement. Tout cela est un peu long, et il était presque neuf heures et demie quand nous sommes sortis.

L'*Union* est un club qui possède une belle bibliothèque, une salle de lecture bien fournie de toute espèce de revues et journaux et des salons pour écrire les lettres; simplicité, mais réel confort. C'est en plus la conférence Molé de l'endroit, et tous les mardis il y a débat politique; les étrangers de passage sont admis sur présentation d'un membre. Tenue excellente, va-et-vient incessant; les uns veulent chercher un renseignement de sport, d'autres s'inquiètent des votes de la veille au Parlement; les lecteurs sérieux épluchent consciencieusement la pâture politique du jour; comme journaux français, la *Justice* et les *Débats*.

Chez un étudiant : il est en train de discuter politique avec deux de ses amis déjà prêts

---

1. Beaucoup de bruit pour pas grand'chose.

pour les sports de l'après-midi ; son *sitting-room* est grand, dans un coin la table du déjeuner que prépare le *gyp* (domestique homme), quelques jolis bibelots, des étoffes indiennes et des étagères couvertes de livres ; à côté une toute petite pièce servant d'office et de débarras, puis la chambre à coucher meublée pour l'instant d'un petit lit de fer sans rideaux, d'une grande armoire et d'un *tub* rempli d'eau. Êtes-vous curieux de connaître le budget d'un étudiant ? Celui-ci paye son appartement 300 francs par an, il en a dépensé 450 pour le mettre en état et compte rentrer dans la moitié de ses frais à la fin de son stage ; la même somme représente le prix de l'enseignement, sans compter les frais d'inscriptions, d'examens, de diplômes. L'année dernière, son chauffage lui est revenu à 200 francs, le blanchissage à 150. Quant à l'argent de poche, il estime qu'on n'a pas trop avec 35 livres (875 francs), à cause de toutes les cotisations qu'on a à verser pour les *boat-clubs*, les *cricket-clubs*, etc. En ce moment, la grande cour de Trinity est pittoresque ; on voit passer dans toutes les directions des marmitons portant d'énormes boîtes de bois, point en bleu, qui contiennent les *luncheons* que la cuisine du collège envoie aux étudiants sur commande, depuis la côtelette du solitaire jusqu'aux folies gastronomiques de ceux qui invitent.

Les appartements mis à la disposition des jeunes gens comprennent deux ou trois grandes pièces, le plus souvent deux et une plus petite ou au moins un cabinet de débarras. Parfois les glaces, boiseries, papiers de tenture appartiennent au collège et cela est compris dans la location ; d'autres fois ils sont la propriété du dernier occupant, qui les cède moyennant finances à son successeur. Au reste une énumération estimative de tous les articles qu'il laisse est remise à celui-ci, qui a droit d'y choisir ce qui lui convient. Meubler ses « chambres » (*rooms*) et faire achat du costume académique (*cap and gown*) un reste du moyen âge qui est encore de rigueur dans les cérémonies, à la chapelle et tous les soirs au dîner, — ce sont les premières dépenses du débutant dans la vie universitaire (*freshman*). Le freshman, élevé de la sorte à la dignité de maître de maison, débarque à Cambridge ordinairement vers dix-huit ou dix-neuf ans, apportant de chez lui des meubles, de la vaisselle et du linge, et il s'installe dans ce *home* qui sera le sien pendant trois ans et dont il ne se séparera au bout de son stage qu'avec de vifs regrets. C'est dans son *sitting room* que chaque jour la cuisine du collège lui enverra sur sa demande son repas de midi (*luncheon*), qu'il prendra rarement seul, car il a des voisins et des amis qui n'aiment pas plus que lui la solitude; le soir, son dîner l'attend dans le grand hall aux boiseries sombres, aux vitraux armoriés. De la cuisine et des *butteries* viennent le pain, le beurre, la bière, le fromage et même en certains cas le soda, le thé, le café *ready made*, tenus à leur disposition. Les extras servis au dîner, parts ou portions suplémentaires, s'appellent *sizings*.

Tout étudiant reçoit chaque semaine deux notes : l'une contenant le montant de ce qu'ont fourni les *butteries* ainsi que le chauffage et les quelques amendes encourues soit pour être rentré trop tard, après la fermeture des grilles, soit pour un livre de la bibliothèque qui n'a pas été rapporté à temps, etc.; l'autre comprend les dîners du hall, les portions ajoutées et tout ce que le cuisinier a servi aux étudiants chez eux, sur leur ordre. Ces notes sont hebdomadaires, afin que les erreurs puissent être aisément réparées et que les jeunes gens soient toujours à même de contrôler la moyenne de leurs dépenses. Le collège peut fournir aussi une quantité ordinairement limitée de liqueurs fortes. Mais les abus auxquels cette mesure devait parer ont quasi disparu.

En somme, c'est aux étudiants à *tenir leur maison* en rapport avec leur budget, à prendre soin de ne pas demander plus qu'il ne leur est nécessaire, à prévoir d'avance ce qu'il leur faut, etc. Sans doute pendant le premier trimestre, encore un peu novices à ce genre d'existence, ils dépenseront trop, ne sauront pas bien tenir leurs comptes et ne penseront pas toujours à demander le prix de ce qu'ils commandent; mais ils s'y font, et assez rapidement : « Sinon, dit le *Student's Guide*, la faute doit en être rejetée, non sur l'inexpérience, mais sur l'incapacité et la légèreté de l'étudiant (*helplessness and thoughtlessness*). »

Un certain degré de *self government* est présupposé chez ceux qui viennent à l'Université, et c'est cela qu'on prétend y développer.

Dans chaque *set of rooms* (ensemble de 3 ou 4 logements avec un escalier spécial) le service est fait par une femme appelée *bedmaker*; quelquefois il y a un ménage : en tout cas on peut se procurer un domestique homme (*gyp*). Le *gyp* reçoit de 1 à 2 livres sterling par terme.

L'estimation moyenne de ce qu'a à dépenser un étudiant peut se faire à l'aide des chiffres et des tableaux suivants.

Les droits d'admission et d'inscription payables au début sont de 3 et 5 livres; pour les trois examens qui terminent chacune des trois années on paye 2 livres 10, 1 £ 5 et 3 £ 3; et enfin pour le diplôme final, 7 livres. Aux déboursés de la première année on peut ajouter :

Pour le costume universitaire...............	£ 4
Pour le trousseau, les achats préliminaires..	7
Et pour l'ameublement......................	16
Total............................	27

Quant aux dépenses annuelles on peut sans exagération les estimer ainsi que suit :

Enseignement............................	₤ 18
Loyer....................................	10
Service, impôts, etc.....................	6.5
Chauffage................................	6
College payments.........................	5.7
Blanchissage.............................	5.8

Viennent ensuite les notes de la cuisine et des *butteries*, qui peuvent varier beaucoup selon que l'on mène une existence plus ou moins mondaine, que l'on « reçoit » ses amis, etc. Ceux qui sont dans ce cas, il est vrai, apportent le plus souvent du vin de chez eux et on leur envoie du gibier, du poisson, etc. Les notes d'épicerie varient de 12 à 20 livres. Il faut compter 6 livres pour les déplacements et entre 30 et 70 livres pour achats de toutes sortes chez les fournisseurs de la ville, lesquels sont tenus d'envoyer chaque semestre aux tuteurs des collèges les notes dépassant 5 livres. Quant à l'argent de poche, 12 livres sont le moins qu'on puisse avoir à dépenser; le chiffre moyen serait 30.

En résumé un étudiant raisonnable a besoin de 200 livres (5 000 fr.); celui qui vit avec beaucoup d'économie peut se contenter de 140 (3500 francs) ou moins encore, si c'est un boursier (*sizar*). Et cela sans compter les droits d'entrée et d'examens et les dépenses d'installation dont j'ai déjà parlé. Dans l'« argent de poche » sont comprises les cotisations pour les *boat and cricket clubs*, lesquelles varient de 7 sch. à 1 livre par terme, et généralement une entrée à l'« Union », soit 1 livre par terme et 1 livre d'entrée. Il y a aussi d'autres clubs aménagés avec tout le luxe que comportent, en Angleterre, ces établissements.

Tout cela est réglé pour trois termes, qui vont : du 1ᵉʳ octobre au 16 décembre, du 13 janvier au vendredi avant les Rameaux, et du vendredi de Pâques au milieu de juin à peu près. Mais ce sont seulement les deux tiers du terme qui forment la période obligatoire de résidence.

Certains, qui viennent à l'Université à un âge plus avancé qu'il n'est d'usage ou bien qui ont d'autres motifs de le préférer, se font matriculer comme *non-collegiate students*, c'est-à-dire étudiants libres, n'appartenant à aucun collège; d'autres, inscrits à un collège, demandent à résider en ville dans des *lodgings* reconnus et approuvés par l'autorité. Mais la grande majorité réside dans les dix-sept collèges dont l'ensemble forme l'Université.

L'organisation des collèges n'est pas rigoureusement la même; ils n'ont surtout pas une égale importance numérique. Tandis qu'il y avait en 1885 à peu près 630 *pensioners* à Trinity et 230 à Saint-John, Magdalen n'en comptait qu'une cinquantaine, et Sidney Sussex, 40. Naturellement dans les moins peuplés les élèves sont liés par une plus étroite camaraderie.

Les prix offerts aux concours de fin d'année ne sont pas partout les mêmes; de plus, certains collèges ont des spécialités : Trinity Hall est surtout fréquenté par les étudiants en droit et Gonville et Caïus par les étudiants en médecine.

L'Université a des pouvoirs d'ordre public; elle les exerce par le moyen des *proctors*, au nombre de deux, élus chaque année et ayant mission de surveiller la conduite des étudiants;

ils ont sous leurs ordres quatre *pro-proctors* et des agents en assez grand nombre, formant une sorte de police universitaire. Les punitions dont ils peuvent faire usage sont les amendes, les arrêts dans le collège ou dans le *lodging-house*, l'expulsion temporaire ou définitive. Le surintendant de tout ce qui concerne l'éducation et l'autorité à laquelle recourent les étudiants, c'est le *tuteur*. Il y en a au moins un dans chaque collège : c'est souvent un professeur comme les autres, mais la discipline est dans ses mains et c'est à lui que l'on doit s'adresser pour toutes les difficultés qui peuvent surgir.

La fête de l'Ascension est célébrée tout spécialement à Trinity ; le hall est resplendissant. Sur les menus, d'une longueur interminable, la liste des mets recherchés que nous allons avaler est suivie de l'indication de l'antienne *Lift up your heads* [1], qui sera chantée par la maîtrise du collège ; après les grands dîners, on remercie Dieu en musique ! Toutes les

---

1. Mot à mot « levez vos têtes ».

places sont occupées et, çà et là, les robes rouges des docteurs tranchent sur les costumes noirs; ils ne sont pas tout à fait assez nombreux pour que l'effet soit « flambant ». C'est que l'on attache moins d'importance à ce titre honorifique de docteur, à présent que les *fellowships* mis aux concours sont devenus des marques de distinction si recherchées.

Les grilles sculptées qui ferment les tribunes au-dessus de la porte sont ouvertes, et une foule féminine s'y presse curieusement pour nous regarder manger. Le spectacle doit être beau! Les lumières font briller les dorures des boiseries et des cadres : il n'y a que la voûte immense aux traverses de chêne, dont le sommet se perd dans une demi-obscurité. Quand les « bateaux garnis de glaces variées » ont déposé leur marchandise sur les assiettes de chacun, on apporte l'eau de rose. C'est un immense plat creux en argent avec deux grandes cuillers de même métal, il glisse sur la table desservie et chacun dépose quelques gouttes de la liqueur parfumée dans un petit verre *ad hoc* pour y tremper ses doigts. Puis tous se lèvent pour la prière : l'hymne, qu'un ancien organiste du collège a composée, est un chœur sans accompagnement, à grande allure, rappelant la musique de la chapelle Sixtine.

Dans la *Combination-room*, autre festin qui dure jusqu'à dix heures et demie. La cour est remplie d'une vapeur blanchâtre : les fenêtres du hall projettent des plaques lumineuses sur l'herbe et, quand un docteur traverse les parties éclairées, il devient incandescent comme un échappé de l'enfer.

En me promenant dans la ville, où tout est fait pour les étudiants, je détaille les étalages afin de voir ce qu'ils préfèrent et ce dont ils ont besoin : « Dis-moi ce que tu achètes et je te dirai qui tu es. » Il y a beaucoup de vendeurs de bibelots et d'articles de ménage : c'est que si les jeunes gens ne font pas leur marché, il leur faut du moins s'inquiéter d'une foule de détails intimes et du prix courant de beaucoup de choses dont ordinairement on n'est guère occupé à leur âge. « Ils sont ici, m'a dit un Anglais, pour apprendre à dépenser, pour apprendre la vie. » *Apprendre la vie*, en France, cela veut dire faire la noce!

En dehors des flanelles multicolores, le goût de l'habillement est peu développé, le chic est de ne pas en faire. Absence de selliers, c'est là une réforme égalitaire que nul décret sénatorial n'a accomplie, mais qui s'est faite d'elle-même sous la pression de l'opinion; il y a beaucoup de très bons chevaux de selle à louer et, si les plus riches en ont à eux, ils les mettent en pension et vont les chercher sans tambour ni trompette ; on ne voit plus, comme jadis, des livrées voyantes, des *tandems* et des *four-in-hands*.

Les relations de *town* à *gown* sont beaucoup moins tendues ; il n'y a plus de chahut le soir dans les rues, et les batailles homériques ont cessé. L'autre jour, dans *Trinity street*, trois larges fenêtres étaient ouvertes, et des groupes d'étudiants y chantaient à tue-tête un chœur que le piano accompagnait dans l'intérieur, concert pour rire exécuté avec le plus grand sérieux; en bas, on s'attroupait à écouter, et à la fin on a applaudi bruyamment au milieu d'une folle hilarité.

Le hasard m'a conduit devant le Christ's College, fondé en 1506, et reconstruit au xvii° siècle. Milton y étudia et y planta un mûrier qui se porte très bien, mais que je n'ai pu arriver à rencontrer. En revanche, au Sidney Sussex, le collège d'Olivier Cromwell, j'ai pu contempler le buste de cet homme célèbre, exécuté par le Bernin. On m'a fait voir ce même jour le laboratoire de l'université : la physique, la chimie et surtout la mécanique y sont magnifiquement logées; je constate que les étudiants mettent eux-mêmes la main à la pâte et apprennent à soigner les machines; de grandes ardoises, couvertes de chiffres à la craie, tapissent les murs, et la vapeur s'échappe en fusant des tiroirs. Décidément on apprend de tout à Cambridge, il ne manque que l'enseignement agricole.

On étudie ici la théologie, les sciences morales et politiques, le droit, l'histoire, les sciences naturelles, la mécanique et les sciences appliquées, et enfin la musique : j'oubliais les langues orientales et la médecine. Il y a une différence à établir entre les *pollmen* (qui se contentent du degré ordinaire) et ceux qui travaillent pour les *honneurs*. Les programmes sont chargés et surtout les épreuves sont sérieuses ; il y a des examens qui durent huit et dix jours.

Ce que poursuit une bonne moitié des étudiants, c'est le *B. A. degree*, le degré ordinaire qui donne droit au titre de *Bachelor of Arts*. Pour conquérir ce grade, il faut un stage de trois ans et la réussite de 3 examens, 1 à la fin de chaque année. Le premier comprend une sorte de revision des études antérieures ; il est facile et on le désigne communément sous le nom de *little-go*. Le programme du second est plus compliqué : il y a du latin, du grec, de l'algèbre, de la géométrie, de la physique, etc. Ensuite on a un an pour préparer la dernière épreuve, qui est spéciale ; elle porte au choix sur la théologie, les sciences morales et politiques, le droit, l'histoire, les sciences naturelles, la mécanique et les sciences appliquées, ou la musique.

Bien plus difficiles sont les examens pour les « honneurs ». Ceux qui y prétendent passent d'abord le *little-go* comme leurs camarades, avec cette différence qu'il leur est posé des questions supplémentaires sur les logarithmes et la trigonométrie élémentaire. Mais ils n'ont plus d'autre obstacle à franchir avant l'épreuve définitive qu'ils préparent pendant deux ans. Celle-là est longue et laborieuse; pour les mathématiciens, elle comprend le calcul différentiel et intégral, la géométrie analytique, etc. Pour les littérateurs, elle dure 6 jours (latin et grec). Ceux qui étudient les sciences naturelles sont examinés pendant 10 jours sur la chimie, la physique, la minéralogie, la géologie, la botanique, la zoologie, l'anatomie, la physiologie. On peut aussi se présenter pour le droit, l'histoire, la théologie ou les langues orientales. Nous ne parlons pas des grades pour la médecine, qui forment une classe tout à fait à part.

Celui qui échoue pour les « honneurs » obtient souvent en compensation son *B. A. degree*, ou du moins a le droit de passer immédiatement le troisième des examens qui y donnent accès.

En France, l'idée que nous nous faisons de l'enseignement universitaire chez nos voisins est enveloppée de quelques préjugés ; on croit volontiers qu'ils ne sont bons qu'à débiter des discours en latin prétentieux et à fabriquer des vers grecs ; tous ces examens sont en définitive sérieux, d'autant qu'il est nécessaire d'y réussir presque du premier coup ; il n'y a point de ces diplômes de *consolation* que la Sorbonne accorde parfois à la seule persévérance ; il n'est guère admis qu'on se présente plus de deux fois. Les épreuves sont longues et ne comprennent plus que des compositions écrites. On peut considérer la disparition de l'interrogation orale comme un fait accompli ; à Cambridge, on la regardait comme une prime à l'injustice, donnant une sélection de hasard et ne présentant aucun avantage, puisque les questions brèves et multiples qui nécessitent une mémoire exercée peuvent aussi bien être posées à l'écrit ; mais, à Oxford, les professeurs pensent différemment.

Autorisé à jeter un furtif coup d'œil dans une salle où l'on composait, j'ai été surpris d'y voir fort peu de surveillants, des pupitres très rapprochés les uns des autres et des étudiants libres de sortir s'ils en ont besoin… comme cela ne se fait pas en Sorbonne. J'exprimais à mon guide des doutes relativement aux textes cachés qu'on va consulter au cabinet; il m'a dit en haussant les épaules : « Ça les regarde ! S'ils veulent tricher et prendre la responsabilité d'une si honteuse action, on ne peut les en empêcher. » Sans doute que l'opinion ferait justice des coupables, et puis la manière dont sont posées les questions prête peu à ce genre de fraude.

King's college a cela de spécial qu'il ne contient pas de *pollmen*, mais seulement des candidats aux *honneurs*. Le nombre de ses étudiants est, par conséquent, assez restreint, et il en résulte un caractère tout particulier de gravité et de majesté. Le hall est petit, mais fort curieux; la chapelle, une merveille de l'art gothique anglais; King's fut intimement relié à l'École d'Eton, près de Windsor, par Henri VI, leur commun fondateur, et longtemps on n'y reçut que des *etonians*. Encore à présent, les *scholarships* leur sont réservées.

M. Waldstein, l'éminent archéologue bien

connu, qui réside à King's, s'est aimablement offert à me montrer le *Fitzwilliam museum*, dont il est directeur. C'est un bel édifice du style grec, renfermant la galerie de tableaux, la bibliothèque et les objets d'art que le vicomte Fitzwilliam a légués à l'université. L'escalier-vestibule qui donne accès au musée est tout de marbre et d'or.

La collection contient de beaux spécimens de toutes les écoles. J'admire une suite d'aquarelles de Turner, le peintre anglais tant célébré par ses compatriotes. Incontestablement, il a d'éminents mérites de coloriste, mais ce devait être un homme sans suite dans l'idée, habile, surtout, à fixer les fugitives impressions du moment; ses aquarelles ont ce caractère d'imprévu et d'instantané; ce sont des notes prises en passant, et si justes, que, en ne les regardant pas de tout près, on croit voir des détails qui ne sont pas sur la peinture. Il y en a une de Venise, réussie au point que deux traits et deux touches suffisent à rendre le paysage entier!

M. Waldstein, qui m'a aussi fait visiter le petit amphithéâtre dans lequel il donne ses leçons, me montre à présent... une très jolie jument avec laquelle il va aller se promener ; il monte beaucoup en chasse l'hiver, chez des amis d'Irlande, et a même couru en steeple incognito ! Il m'avait défendu de le dire, parce que ce n'est point d'un « professeur sérieux ». Mais il me pardonnera ma désobéissance, car je n'ai en vue que le bien de ses collègues de France, parmi lesquels je voudrais que ce sportsman, aussi aimable que savant, fît école; l'archéologie s'en trouverait fort bien; cela lui donnerait beaucoup de relief.

La *may-week* approche ; c'est la série des fêtes qui termine bruyamment l'année scolaire; il y a des concerts, des régates et des bals dans les collèges. Ce soir, pour commencer, grand banquet du *Carlton-club*, sous la présidence de lord George Hamilton ; il a lieu à l'hôtel de ville, et on portera des toasts politiques qui, dans l'université, auront autant de retentissement que le discours du Premier à l'installation du lord-maire. Dans quelques jours, le même local subira une transformation pour le bal des francs-maçons, durant lequel il y a un changement de costumes entre les principaux dignitaires. La franc-maçonnerie, qui compte pas mal d'étudiants dans ses rangs, a, en Angleterre, un caractère ouvertement conservateur.

A Trinity, quand le temps est beau, on délaisse, après le dîner, la *Combination-room*, pour aller jouer aux boules dans un *ground* situé entre le collège et les bâtiments voisins de Saint-John ; il est réservé aux professeurs et aux *fellows*, qui aiment encore ce jeu antique si à la mode dans la vieille Angleterre : le parterre de gazon est entouré d'une muraille de verdure taillée avec une symétrie mélancolique. Le jardinier, qui est homme de goût, a saisi le caractère du lieu et tenté d'y réunir les fleurs qu'aimaient nos ancêtres ; plantes longues et minces, très simples, avec de gros pétales aux nuances éclatantes, s'alternant dans un dessin géométrique ; c'est une vraie restitution digne des costumes moyen âge qui se détachent sur ce paysage. Il ne manque que l'emploi de la langue latine, pour compléter cette excursion dans le passé.

Miss Gladstone, fille du *Grand old man*, est vice-principale de Newnham college, l'un des deux lycées féminins que le sénat a reconnus par décret du 24 février 1881, en admettant leurs élèves à subir les épreuves finales. Newnham est hors de la ville, mais à une faible distance : cinq minutes de marche, après le petit étang ; on tourne à gauche et des deux côtés d'une route poudreuse paraissent les bâtiments. Le *North hall* est une assez jolie construction, élevée malheureusement dans un désert, et dont les briques rouges aimeraient à se détacher sur une fraîche et profonde verdure.

Miss Gladstone pousse la gracieuseté jusqu'à me faire elle-même les honneurs de son collège. Partout une peinture uniforme et des lambris de sapin. Quelques portes s'ouvrent pour me montrer des chambres d'étudiantes : la plupart égayées par des fleurs et des bibelots ; ce sont toujours de petites pièces, presque des cellules. Le réfectoire a une apparence de table d'hôte avec un petit cachet de tempérance ; on dirait la salle à manger d'un hôtel suisse perdu dans la montagne.

Le *South hall*, où réside la principale, miss Clough, qui a beaucoup fait pour l'émancipation des femmes, contient une vaste et confortable bibliothèque, dont les rayons sont chargés de livres de science, d'histoire et de droit; par les fenêtres, j'aperçois, dans le jardin, quelques toilettes coquettement chiffonnées. Il y a des étudiantes un peu partout, lisant, écrivant, rêvant. Dans les corridors, on rencontre de petites bonnes à tabliers blancs et à guimpes.

Le collège contient environ cent seize élèves; il est administré par un conseil composé de douze hommes et de neuf femmes. La principale a un pouvoir très étendu : à elle de juger si les élèves profitent de leur séjour à Newnham ou s'il est préférable qu'elles se retirent. Le prix est de 25 guinées par terme : cela fait 1950 francs par an tout compris. On doit être rentré le soir à six heures trente, et il faut une permission spéciale pour accepter des invitations en ville.

Le sénat n'admet les femmes qu'aux honneurs. Il leur refuse le diplôme ordinaire, afin de n'avoir que des candidates sérieuses. Ce qui est étonnant, c'est le nombre de mathématiciennes depuis la fondation. La plupart sont devenues maîtresses dans des maisons d'éducation en Angleterre ou dans les colonies et jusqu'en Nouvelle-Zélande; j'en note une qui est *visiting teacher of mathematics in London*[1]. Miss Gladstone et miss Clough vont participer à la *may-week* en donnant une *garden-party*, pour laquelle les invitations sont déjà lancées.

Autre collège de femmes; celui-là (*Girton*) est situé en pleins champs, très loin de Cambridge; les élèves sont conduites en voitures aux lectures universitaires qui leur sont ouvertes, ou bien s'en abstiennent. C'est un grand château de briques avec beaucoup de plantes grimpantes et des velléités d'architecture. En me montrant ses jolis corridors en sapin ciré, miss Welsh, la principale, a comparé son établissement à un couvent; c'est bien cela; un couvent modernisé, libéral, démocratique; mais après tout, la règle est assez sévère; ce sont des « Oiseaux » laïques. Une

---

1. Leçons de mathématiques à domicile.

jeune fille, qui étudie la géométrie (la malheureuse!) dans sa jolie chambre, paraît fort occupée d'un *match* de *lawn-tennis* qui a eu lieu hier et dans lequel Newnham a battu Girton!... A quand les équipages féminins pour les régates?

Retour à Cambridge par un très joli détour; le pays change d'aspect; il se creuse, se vallonne, et les arbres, d'abord disséminés à la normande, se groupent le long des routes, s'entassent aux revers des coteaux, noircissent l'horizon. Le chemin traverse un pittoresque petit village dont les chaumières semblent sorties de l'imagination de Kate Greenaway. Des bébés blonds interrompent leurs jeux pour regarder curieusement qui passe sur la route; on voit leurs petites têtes sérieuses sortir d'une herbe épaisse et touffue toute parsemée de fleurettes blanches et dans laquelle ils se vautrent délicieusement. Le village se nomme Maddingly; en face, sur une hauteur, une grande habitation : c'est là que résidait le prince de Galles, quand il étudiait à l'université, dont alors son père était chancelier. La colline gravie, on retrouve la contrée un peu plate et uniforme, mais fraîche et aérée, qui entoure Cambridge, dont les campaniles se dressent au loin dans une brume bleuâtre.

Passe un jeune homme sur un cheval gris pommelé, suivi d'un chien; il se promène pour se reposer du *tennis* : il a encore ses souliers de caoutchouc et son chapeau de paille. Au loin Girton college flamboie sous un rayon oblique du soleil couchant et, dans les bois de Maddingly, les ombres s'allongent sur les prairies.

Luncheon à une heure et demie chez le comte ***, étudiant de troisième année à Trinity. — Le comte a infiniment de choses intéressantes dans son salon : d'abord beaucoup de photographies des pays les plus lointains, car si jeune qu'il soit, il a déjà fait le tour du monde, visité les Indes, l'Amérique et le Japon; sur une vitre, il me montre une imperceptible signature, — Edward, — tracée à la pointe d'un diamant par la main du prince Albert-Victor de Galles ; le futur roi d'Angleterre a gravé là le souvenir de son récent passage à l'université. — Mon hôte est représenté au milieu d'un groupe de ses amis, en jockey, avec la culotte blanche et la chemise de soie rayée ; mais le sport n'est pas sa seule occupation, à en juger par le bureau surchargé de livres et de papiers qu'il a quitté pour me recevoir ; on lui sait d'ailleurs un talent d'orateur naissant, et sans doute il ne passera pas beaucoup d'eau sous les ponts de la Cam avant qu'il prenne place à la Chambre des communes. Le repas est très élégant et bien servi : le comte a invité la mère et la sœur d'un de ses camarades, qui sont ici en passant : une jeune fille chez un célibataire ! Mœurs françaises, où êtes-vous ?

L'office du dimanche soir se célèbre dans les collèges avec une grande solennité : M. Stanford, organiste de Trinity et compositeur dont l'Irlande est fière, s'élève avec moi jusqu'aux hauteurs qu'habite son bel instrument, pendant que dans la nef les surplis de chœur s'avancent en procession : étudiants, *scholars*, *fellows*, tous ont revêtu le même costume ecclésiastique : quelques-uns ont en outre sur les épaules une écharpe bordée d'hermine. On chante les psaumes sur des motifs que leur richesse empêche d'être monotones : cette musique a le cachet mi-théâtral, mi-religieux, qui distingue les chants grégoriens. Interrompus parfois par la lecture des leçons, les chœurs reprennent croisés, exaltés, enthousiastes. La chapelle est pleine. Le soleil lance capricieusement de brusques rayons par les vitraux, faisant surgir tout à coup dans leurs tuniques enflammées les graves personnages qu'un éclectisme savant a rassemblés là : monarques, docteurs, ermites : Newton à côté d'Élisabeth, et Henri VIII en face de saint Georges.

La rivière, au sortir de Cambridge, fait un coude et revient, élargie, vers la ville dont elle atteint l'extrémité nord : c'est là que sont les *boat-houses*. Ce sont des pavillons contenant, au rez-de-chaussée, une sorte de vaste hangar où les bateaux et les avirons sont rangés; et, au premier, des vestiaires et un salon : on y atteint par un escalier extérieur; devant la maison s'étend une terrasse; la berge est en bois pour accoster facilement.

C'est un moment d'entraînement en vue des régates qui inaugurent la *may-week;* les longs bateaux passent et repassent avec leurs huit rameurs : il y a là l'équipage du *First-Trinity* (Trinity a trois clubs) aux couleurs blanche et noire, et celui du Clare college (jaune et noir). D'autres se mettent en route ; les hommes de service apportent les avirons et tirent l'immense bateau de dessous le hangar ; avec mille peines et précautions on le met à l'eau, et les jeunes gens s'installent : les voici au milieu de la rivière, le corps tendu et prêt à partir comme un ressort quand aura retenti la voix du *barrer : Are you ready?* Sur l'autre rive, d'une grande bâtisse en plâtre est sorti un cheval tout sellé : un homme en tenue de canot, avec les jambes nues et la veste de flanelle, saute sur son dos et suit au grand galop, sur la berge, pour inspecter et voir si tout va bien.

Encore un bateau qui apparaît au tournant ! L'équipage est harassé ; on accoste près de l'herbe pour prendre un moment de repos, et les rameurs s'étalent au soleil sans avoir la force de prononcer une parole ; tout à l'heure, quand le capitaine donnera le signal, chacun retournera à son aviron sans un murmure ni une observation.

Dans chaque collège, il y a au moins un *boat-club;* les *clubmen,* sans la moindre intervention autoritaire, construisent les *boat-houses,* équilibrent leur budget, décrètent le montant de leurs cotisations et élisent leurs chefs, tout cela avec un remarquable esprit de discipline et de hiérarchie démocratique. Les cotisations sont ordinairement de une livre, avec une entrée de même valeur.

Le *Prince-of-Wales-restaurant* est très fréquenté; la petite salle est pleine de sportsmen; il y en a toute une bande qui dîne copieusement et joyeusement à une grande table; les autres mangent peu et très à la hâte; quelques bouchons de cliquot sautent au plafond. Voici une mode nouvelle : c'est une urne de métal argenté, très haute, avec deux anses et une serviette roulée autour de l'orifice. On l'apporte aux convives de la grande table, et elle semble fort lourde; chacun à son tour la prend par les deux anses, la soulève un peu et... disparait dedans! C'est positif : s'ils boivent, pourquoi boire si lentement et rester trois quarts d'heure dans cette urne comme pour y puiser des inspirations?... Elle s'en va de main en main, revient, repart : on se la repasse sans cesse, elle est inépuisable! 10 shellings à qui expliquera pour quel motif les étudiants de Cambridge piquent une tête dans une urne argentée, entourée d'une serviette blanche.

Mardi, jour de débat à l'*Union*. La grande salle est comble; dans son fauteuil dort un président soliveau qui n'a guère plus à faire que son modèle de Westminster, et auquel on s'adresse en parlant pour suivre en tout point les coutumes parlementaires. Des deux côtés, les membres du comité : dans les tribunes des étrangers, beaucoup de femmes venues pour la *may-week* et désireuses d'entendre leurs fils ou leurs frères, peut-être même leurs fiancés. On discute la question d'Irlande.

Celui qui parle est un tory : un grand jeune homme bien tourné, qui doit avoir vingt et un ans; son langage est correct, dénué d'artifices de style; on sent la préoccupation d'exposer nettement les idées et de les faire bien saisir. Il y a plus de talent et d'habitude chez celui qui lui répond et qui est, me dit-on, un très *clever fellow*. Il défend Gladstone et, rappelant une chanson américaine populaire dans la guerre de Sécession, déclare que, si le *home rule bill* est mort, son âme vivra toujours et reviendra animer un autre corps. L'ironie est bien maniée, assez vive parfois, sans cesser d'être courtoise; les mots viennent facilement et frappent juste. La série des discours se poursuit, et Gladstone, qui sert si bien à exercer les jeunes orateurs, devient tour à tour ange ou démon ; en général, ton élevé mis au service d'idées déjà arrêtées et raisonnées. La comparaison avec notre conférence Molé est presque à la défaveur de cette dernière, surtout si l'on remarque qu'il n'y a ici que de très jeunes gens, les mêmes qui donnent le meilleur de leur temps à la vie athlétique.

Les arguments ne peuvent jeter une bien vive lumière sur une question tant de fois discutée; celui-ci pourtant a sa valeur. Après avoir retracé l'état révolutionnaire dans lequel se trouve l'Irlande : « S'il s'agissait d'autres que d'Irlandais, a dit un tory, on les forcerait d'obéir aux lois existantes, et l'on n'appellerait pas cela faire de la *coercion* : pourquoi cela prend-il ce nom quand il s'agit de l'Irlande? — Il y a des lois; changez-les si le pays le veut : c'est bien. Mais jusque-là il *faut* qu'on obéisse à celles qui existent. » — C'est du simple bon sens et cela a produit un certain effet. En résumé, tout le contraire des Français, qui commencent par faire des phrases et en avançant en âge arrivent à leur donner un sens : ici l'idée vient en première ligne, l'expression ensuite : le moyen passe après le but.

Comme je m'en reviens assez tard, j'aperçois au fond de la cour de Saint-John les fenêtres du hall brillamment illuminées; les vieux personnages flamboient sur un fond de fournaise... quelques accords s'en viennent jusqu'à la rue, où s'arrête en ce moment un antique véhicule sonnant la ferraille et ressemblant bien vaguement à une calèche : de là descendent deux dames en toilettes claires, enveloppées dans leurs sorties de bal, des fleurs et des diamants dans les cheveux... sur le perron un jeune homme en habit noir les attend !

... La fête durera peut-être fort avant dans la nuit, et à l'aube naissante, dans Cambridge endormie, toutes les figures de pierre, dont plusieurs se souviennent sans doute d'avoir vu passer la cour de Henri VIII, discourront en soupirant sur les modes nouvelles !

III

Oxford, novembre 1886.

Le rideau se lève sur un décor déjà vu : mais le bon Dieu n'a pas besoin de changer les décors, il se contente de modifier l'éclairage et produit ainsi des effets suffisamment variés. Plus de ciel bleu ni de teintes chaudes : c'est le vrai moment de reporter les regards vers le coin du feu et de faire des études d'intérieur ; et si nous allons commencer par nous promener, c'est histoire de gagner de l'appétit pour le *luncheon* que mon ami M. Lynch commande en passant. La cuisine de Christ Church college est voûtée et immense : on y voit dès l'abord tant de broches, d'instruments noirs, de chaînes, de fourneaux... qu'on se prend à songer aux salles de torture de la sainte inquisition, et les blancs cuisiniers qui se meuvent au milieu de ces choses sombres, ce sont les aides du bourreau... Le bourreau lui-même est dans une petite cabane vitrée où il s'occupe à feuilleter de gros registres, et nous n'avons pas trop de nos trois imaginations pour arrêter les raffinements d'un supplice succulent. Un aide me fait ensuite visiter l'établissement en grand détail. Je m'approche avec respect de la cheminée, où des masses de viande à la Gargantua rôtissent devant des feux d'enfer ; j'inspecte de grandes jattes de crème fort appétissantes, et je ne suis pas bien sûr même de n'avoir pas aidé à peler des pommes à l'aide d'une petite mécanique ingénieuse.

Ce côté de Christ Church donne sur de grandes prairies... Mais que les temps sont changés ! il y avait là des allées ombreuses hautes comme des cathédrales ; le feuillage formait la voûte, et sur le sable le soleil dessinait une mosaïque lumineuse. Aujourd'hui plus que des troncs dépouillés grimaçant dans le brouillard.

La rivière apparaît bientôt avec la longue

enfilade des *boat-houses* qui méritent doublement ce nom, car ce sont des constructions flottantes. L'Isis — ou plutôt la Tamise — est assez large et les *eight-oars* s'y meuvent facilement. Les *boat-houses*, que l'on atteint par des passerelles, sont rangés côte à côte, peints aux couleurs des clubs, parfois décorés d'armoiries ou même de statues allégoriques. Par les fenêtres, on voit d'élégants salons avec divans, tables pour écrire et cheminées où brûlent de bons feux; à côté du salon, le vestiaire; le toit sert de terrasse où les spectatrices privilégiées prennent place les jours de courses; mais ce matin les plates-formes sont désertes et les mâts vénitiens veufs de leurs drapeaux. Nous pénétrons dans celui de Christ Church. Un divan de cuir capitonné court tout autour : le panneau au-dessus de la cheminée est orné des portraits des anciens présidents et des *oarsmen* célèbres... Ailleurs la marche des courses, avec les progrès et pertes de chaque club pendant les dix dernières années, est représentée au moyen d'un dessin graphique.

Seul l'*University boat-house* ressemble à

ceux de Cambridge : c'est une construction de briques, tout entourée de balcons blancs et séparée de l'eau par un carré de gazon en pente douce. Là, la Tamise reçoit le Cherwel et, abandonnant Oxford, se dérobe aux regards par un brusque détour. La route suit l'affluent au-dessus duquel se penchent des aunes et des tilleuls ; de temps à autre apparaît à un tronc d'arbre une blanche bouée de sauvetage destinée aux suicidés qui voudraient l'emporter avec eux pour le cas où ils changeraient d'avis une fois dans l'eau.

Trouvé ce billet laconique sur la table en rentrant : *I have no motion for the Wolsey ; have you*[1] ?

The Wolsey est une conférence récemment fondée sous la présidence de M. Lynch. Elle comprend environ seize membres, tous de Christ Church, et les réunions hebdomadaires se tiennent chez l'un d'eux : on y discute une motion affichée quelques jours à l'avance et ayant trait généralement à la politique, mais on aborde aussi les sujets économiques et

---

1. Je n'ai pas de motion pour la Wolsey ; en avez-vous ?

même littéraires. Le membre zélé qui a déposé le billet était en quête du prochain sujet de discussion; après réflexion, voici celui qui a été arrêté : *That this house approves of a monarchical government being restored in France*[1].

Un autre est venu dans un but plus futile : il a retourné le buste de Gladstone contre la muraille ; le propriétaire s'étant aperçu de cette muette protestation d'un camarade unioniste remet le grand homme à l'endroit.

Keble college a été bâti par souscription publique et on lui a donné le nom de John Keble, célèbre professeur de l'université. La charte d'incorporation (6 juin 1870) déclare que le but des fondateurs a été « de procurer l'enseignement académique et une vie économique à ceux qui désirent rencontrer ce double avantage combiné avec celui d'un enseignement chrétien basé sur les principes de l'Église d'Angleterre ». Cela répondait à un besoin, et un mouvement très marqué s'est fait sentir

---

[1]. Cette assemblée approuverait la restauration d'un gouvernement monarchique en France.

dans ce sens, ici comme à Cambridge, où il y a déjà plusieurs fondations du même genre.

Keble est moderne de style comme d'esprit, et l'architecte a fait preuve d'originalité et de talent, en élevant cette grande construction qui abrite déjà beaucoup d'étudiants.

En face s'ouvre le parc de l'université. Tout le centre n'est qu'un vaste pré, divisé en quadrilatères pour les parties de *foot-ball* qui se jouent autour d'un élégant pavillon, produit des souscriptions d'un club quelconque. De l'intérieur on peut suivre, grâce aux fenêtres en glaces, les jeux engagés de divers côtés. Un match vient de finir : les joueurs en nage, couverts de boue, s'échappent du champ où se dressent les grandes fourches caudines blanches sous lesquelles il s'agissait de faire passer le ballon. Il y a des physionomies contractées par l'effort des muscles, et leurs propriétaires ne parlent pas, ayant déjà bien assez à faire de pouvoir respirer. Par-dessus leurs tricots, ils ont remis des vestes bleues aux armes du collège, puis encore ces grands ulsters à pèlerine qui font reconnaître partout les fils d'Albion, et ils s'en vont en bandes silencieuses trouver « at home » un fauteuil et du thé.

D'autres enragés, profitant des dernières lueurs du jour, se démènent encore dans l'humide brouillard qui glisse sur l'herbe; les spectateurs qui bordent le théâtre du combat font entendre de temps à autre des clameurs d'encouragement : *Well played! Exeterrr! Well played! Oriiiiiel!* [1], et des salves d'applaudissements accueillent les hauts faits.

En revenant, nous sommes entrés au *musical-club*, qui est bien aménagé : il y a séance une fois par semaine; on ne se borne pas à jouer du piano, on exécute des quatuors d'instruments, on chante des chœurs; les bonnes volontés se groupent d'elles-mêmes, et tout cela s'organise sans difficultés. La salle est grande, dénuée de luxe, mais on y trouve un mobilier confortable, des journaux, un choix de liqueurs pour les grogs et un grand piano à queue.

Le joli appartement de C*** est très illuminé; l'eau pour le thé fait entendre la petite chan-

---

[1]. Bien joué, Exeter! bien joué, Oriel!

son cher aux oreilles britanniques, et les fauteuils se peuplent de jeunes gens qui entrent en disant *Good evening*, ou en entamant directement la conversation : on ne tend point la main. C'est du temps perdu entre gens qui demeurent si près les uns des autres et se voient si souvent. Mais les portes restent toujours ouvertes, et l'on pénètre les uns chez les autres avec une liberté fraternelle qui ne dégénère pas en indiscrétion. L'un des visiteurs apparaît dans le singulier costume ci-dessus décrit; il enlève son ulster et s'effondre sur un sopha; il bredouille en parlant, tellement il est encore hors de lui des suites du *foot-ball*, ce qui ne l'empêche pas de s'ingurgiter une tranche colossale de *plumcake*, capable d'en réduire un autre au silence éternel; ce n'est pas pour rien que l'aimable M. Waldstein appelait ces gâteaux du nom pittoresque de *sudden death* [1].

Entre temps, j'examine l'ameublement, les tableaux, gravures, bibelots, étoffes indiennes semées partout avec un à-propos qui surpren-

---

[1]. Mort subite.

drait certaines Parisiennes. On fait de la musique ; la musique est ici de toutes les réunions, et la vraie, la sérieuse : Wagner, Raff, Beethoven et surtout Schumann et Chopin sont les auteurs préférés. C*** déchiffre à quatre mains avec un camarade : les conversations continuent par bribes : il est agréable de causer en musique ; le ton dans toutes ces réunions est très gai, *cheerful*; les sujets sont ceux de la vie quotidienne ; rien de malsain.

Dîner à Christ Church, dans le hall, sous les yeux de Henri VIII, d'Élisabeth et du cardinal Wolsey qui fonda le collège en 1525 : un éblouissant cordon de gaz court à la hauteur des fenêtres au-dessus des boiseries. Le hall est presque aussi beau que celui de Trinity à Cambridge ; mais les domestiques ne sont pas en livrée ; peut-être que Christ Church n'est pas aussi riche que Trinity, qui est affligé d'un revenu de 52 000 livres sterling (1 300 000 fr.).

Dans la soirée, il y a séance à l'Union. On discute... les mérites de Gladstone, pour changer ; à l'aide d'une formule assez vague, on a trouvé moyen de ramener le débat sur l'éternelle question qui intéresse tout le monde ;

néanmoins la salle est un peu vide. Quatre ou cinq orateurs se font entendre, parmi lesquels le jeune Peel, fils du *speaker* de la Chambre des communes et petit-fils du grand Robert Peel. Les arguments ont été pesés d'avance et numérotés ; le commencement et la fin, appris par cœur; le milieu, laissé à l'inspiration du moment; c'est un excellent exercice : *Good training*. Ceux qui n'osent encore affronter l'Union, apprennent à vaincre leur timidité dans les réunions hebdomadaires des petites assemblées comme la Wolsey. En France, nous ne comprenons guère que le travail préparé et lu; nous ne pratiquons pas la discussion orale sur un sujet donné avec défense de lire. L'Union possède une magnifique bibliothèque : les salons sont éclairés à l'électricité; voilà qui n'est pas moyen âge!....

C'est l'hiver; il a répandu dans l'air son âcreté qui rend la vie plus intense et les idées plus nettes; dans les taillis du parc, il n'y a plus que les sapins, les indomptables sapins qui tranchent sur le fouillis grisâtre des branches mortes; et la rivière, à sa surface morne, lourde comme du plomb fondu, ne reflète plus qu'un ciel incolore et les troncs noueux qui s'inclinent sur ses rives; à travers la brume tombe une clarté diffuse; les ritournelles de toutes les cloches d'Oxford, secouées dans des clochers invisibles, invitent les fidèles à célébrer l'office du matin... Encore trois dimanches, et c'est Christmas qu'elles annonceront; Christmas, la fête du Nord et du *home*, deux choses qu'il faut aimer pour la comprendre! L'université alors sera déserte; c'est au sein de sa famille qu'on doit manger le gâteau de Noël, et, pour ce jour-là, les plus indépendants reprennent le chemin du foyer; c'est peut-être le seul dans l'année, où l'Anglais ne puisse supporter la solitude et l'éloignement.

Hier soir, l'Armée du Salut, à laquelle la présence de la maréchale Booth cause un redoublement de ferveur, a parcouru les rues; une fanfare, entourant la bannière, défilait d'abord sur un rythme guerrier; puis venait le cortège des fidèles, suivis d'une affiche colossale qui vous invite à vous convertir sans perdre un millième de seconde. La maréchale fait une tournée : jusqu'ici elle avait tonné contre les joies matrimoniales, mais elle s'est ravisée et prend un de ses capitaines pour prince consort : une note insérée dans tous les journaux *autorise* les membres de la secte à *offrir* des présents aux fiancés.

Je ne pense pas que l'Armée du Salut recrute ici beaucoup de soldats; mais on ne saurait dire le nombre d'associations et de ligues dont les étudiants font partie, depuis celles qui ont pour but la propagation d'une idée, d'une doctrine, la réalisation d'un fait, jusqu'à celles qui, comme l'*Imperial Federation League*, ont un intérêt général et ne tendent à rien moins qu'à changer la constitution politique du pays. Sur une plus petite échelle, cette tendance si générale des Anglais à se grouper, à s'unir, se manifeste dans l'intérieur même de l'université, et non pas seulement pour le sport, mais pour la déclamation, les recherches historiques, l'étude de Shakespeare, la tempérance, etc., bref pour les objets les plus divers.

Mon ami D. P. est un grand blond au regard bleu froid, aux traits accentués, à la carrure d'athlète. La première fois que je l'ai vu, il m'a dit simplement : *My name is P...,* *I live in... college and I shall be glad if I can be of use* [1]. Sur sa physionomie on lit la décision et la fermeté, la bonté du cœur alliée à un peu de sécheresse, l'esprit cultivé, mais étroit et comme enchaîné, l'imagination pacifiée ne connaissant ni débordement ni exaltation ; on y lit surtout l'âme maîtresse du corps, et tout cela est utile, tend vers un but, marche dans le même sens avec une régularité de machine.

Près de lui j'en placerai par contraste un autre qui est une nature de poète enfermée dans la calme et solide enveloppe de l'homme du Nord ; il rêve parfois, et la tendance de son esprit est vers le mysticisme ; mais il saura se contenter d'un bonheur pratique et aspirer, comme les autres, à faire sa tâche en ce monde.

Chez tous ceux que j'ai approchés, j'ai trouvé le germe déjà développé de cet individualisme qui est le trait dominant de l'Anglo-

[1]. Je m'appelle P..., je demeure dans tel collège et je serai heureux si je puis vous être utile.

Saxon et que nous appelons improprem[ent] égoïsme ; espèce de compromis entre la tol[é]rance et la liberté qui fait que chacun agit à s[a] guise et que l'on ne se reconnaît pas le dro[it] de critiquer les actes du voisin afin d'être s[oi]-même à l'abri de ses critiques. Ils sont pe[r]suadés qu'en ce monde, pour que les chose[s] aillent bien, il faut que l'on s'inquiète surto[ut] de ses affaires et pas de celles du voisin : c'e[st] l'inverse de la doctrine catholique qu'en sau[vant] les autres, on se sauve soi-même. L'A[n]glais n'admet point cela ; il est responsabl[e] de lui-même, et ce n'est qu'après y avo[ir] pourvu qu'il pensera au prochain. Ces jeune[s] gens seront comme leurs pères ; ils auron[t] rarement besoin de leurs semblables et encor[e] moins du gouvernement ; ils aiment déjà à n[e] compter que sur eux. Le *public school* e[t] ensuite l'Université ont développé en eux un[e] grande initiative, jointe à une remarquabl[e] maturité de jugement. A présent, les idée[s] peuvent venir : celles qui y sont déjà sont rai[-]sonnées et arrêtées ; mais il y en a peu, e[t] surtout des vérités, des notions pratiques... L[e] sentiment que le monde est fait de telle faço[n] et qu'il faut s'y installer de son mieux. Habitués à manier de l'argent et à faire leurs comptes, ils n'hésitent point devant une grande dépense dont le profit leur apparaît bien clairement; prendre sur le capital pour voyager, par exemple, leur semble une opération avantageuse, et, plus tard, ils ne regarderont pas à diminuer la fortune de leurs enfants pour leur donner une éducation plus complète et plus *raffinée*.

C'est chose extrêmement facile de faire parler les Anglais, à condition de ne pas s'y prendre avec eux comme avec les autres. Employer les compliments, la flatterie, chercher à pénétrer dans leurs bonnes grâces, à gagner leur confiance, c'est perdre son temps : les confidences étant à leurs yeux une chose tout à fait superflue. Mais, qu'ils découvrent un but, un objet à vos questions, qu'ils comprennent qu'un intérêt vous pousse, ne fût-ce qu'un intérêt de psychologue, ils deviennent suffisamment expansifs et très simplement s'ouvrent à vous.

T., qui termine son stage, est le troisième de quatre frères ; il a aussi deux sœurs. L'aîné, héritier d'une très belle fortune, vit avec ses parents à la campagne, au milieu d'un grand luxe de chevaux, de chiens et de chasses; son frère, ici, ne peut avoir de cheval à lui et, bien que menant une existence assez large, doit regarder à certaines dépenétuses; il die la mécanique et les sciences naturelles. Quand il aura fini, il ira en Amérique et trouvera à employer ses talents d'ingénieur. Il n'a pas de goût pour la colonisation; au contraire, celui qui le précède immédiatement est *squatter* en Nouvelle-Zélande, dans une partie très isolée où il ne voit personne, si ce n'est, une fois par an, à l'époque du tondage des moutons; il s'est marié avec une Australienne, fille d'un clergyman, et a déjà deux enfants. L'aîné aussi va se marier avec une noble lady, fille d'un duc, et T. s'en réjouit, parce que cela va consolider encore le prestige de sa famille. Je lui expose notre système successoral, et il le trouve stupide. « Nous sommes six, me dit-il, en partageant nous aurions chacun environ 50 000 livres par an, et notre famille serait dans une position tout à fait ordinaire et presque pauvre à la deuxième génération;

au lieu de cela, mon frère en aura 300 000 et nous soutiendra tous par son crédit. »

La perspective de faire son chemin lui-même ne l'effraye pas ; il est, comme tous ses camarades, persuadé qu'à bras solides et cœur vaillant rien ne résiste.

Soirée de départ. Nous faisons du vin chaud selon une recette locale dans laquelle il entre des ingrédients multiples. En face, au second étage, il y a un *wine* auquel beaucoup de *freshmen*[1] sont, sans doute, invités ; de trois grandes fenêtres illuminées s'échappent des clameurs folles, des rires incessants, et, bientôt, une chanson dont le refrain est repris en chœur ; le bruit des voix, des chaises, des tables se mêle peu harmonieusement aux accords d'une valse échevelée ; et les échos de Christ Church, malgré leur longue expérience, ne savent plus comment s'y prendre pour répercuter ce joyeux tintamarre. Quand, à de rares intervalles, un calme relatif s'établit, on entend, à l'autre extrémité de la cour, un

---

[1]. Étudiants de 1re année.

musicien solitaire qui joue un nocturne de Chopin et puis le sifflement de la bise glaciale qui fait vaciller la flamme des réverbères... Et, soudain, le chahut reprend avec une croissante intensité.

« Fen dé brut! » comme disait l'ami de Tartarin, le célèbre Excourbaniès, faisons du bruit! C'est si bon! il y a peut-être quelque chose de meilleur, c'est le vin chaud à la Oxford.

IV

Dublin, novembre 1886.

Vous verrez *Trinity College*, disaient ces bons Irlandais; cela vaut Oxford et Cambridge!... Eh bien! même quand on est habitué au caractère un peu vantard des naturels de l'île-sœur, on ne s'attend point à semblable désillusion. L'Université qui s'appelle aussi Trinity College est située en plein milieu de la ville; c'est un ensemble de bâtiments réguliers, aux façades uniformément décorées de pilastres et de frontons. Mais si l'absence complète de beauté architecturale creuse un abîme entre les universités anglaises et celle-ci, l'abîme social qui les sépare semble encore bien plus profond. J'entre chez quelques étudiants; ils sont presque partout deux par appartement; les papiers tombent, une poussière épaisse s'amasse dans tous les angles, et sur les murs des escaliers plusieurs générations ont inscrit déjà leurs noms et dessiné des caricatures... Je demande à visiter le local de la *Debating Society;* il y en a plusieurs; l'une où se discutent des questions d'histoire est installée dans un sombre rez-de-chaussée qui se compose de trois ou quatre pièces basses, privées d'air et de lumière; dans le nuage opaque que forme la fumée des pipes apparaissent quelques silhouettes assez débraillées. Un grand nombre d'étudiants résident en ville et ne viennent ici que pour les cours; ceux-là peuvent être Irlandais de race ou de cœur, ils sont Anglais de manières, mais les autres appartiennent à cette catégorie d'individus qui semblent prendre à tâche d'exagérer encore le contraste qu'ils forment avec leurs voisins détestés. Ils semblent avoir transporté ici les mœurs du Quartier latin; ce n'est pas dire qu'ils n'aient point de grandes et de belles qualités... Au Quartier latin aussi on en trouve.

Trinity College a été fondé en 1320; mais

cette première tentative universitaire prit fin à l'avènement d'Elisabeth pour se renouveler en 1593. Jacques Ier et Charles II l'enrichirent de terres confisquées en divers coins du pays. Les catholiques à partir de 1792 furent admis à y prendre leurs degrés, mais ce n'est qu'en 1873 que toute distinction fondée sur la différence de culte a disparu officiellement. Trinity College envoyait depuis Jacques Ier deux députés siéger au Parlement irlandais.

A côté de la bibliothèque, fort belle d'ailleurs, est une ébouriffante construction dans laquelle on vient de loger les laboratoires de physique et de chimie. L'architecte a choisi le style indien le plus riche; il a introduit des marbres rares, des ciselures de pierre, des frises ouvragées, des dessins en mosaïque. Le monument mériterait d'être mis sous verre comme ces pendules très dorées qui ornent parfois la cheminée d'un modeste salon bourgeois.

Dublin contient une seconde université, toute neuve celle-ci et très différente par ses tendances et son esprit de la précédente. On l'appelle souvent l'Université catholique, parce que les jésuites la patronnent ; en réalité, elle n'est ni catholique ni protestante ; les questions religieuses n'y peuvent jouer aucun rôle, puisqu'il ne s'agit que de conférer des degrés, d'examiner par conséquent, et que l'établissement n'enseigne point. Tout près est le collège catholique qui prépare aux examens; placé d'abord sous la direction de l'archevêque, il a passé aux mains des jésuites. L'Université occupe un vaste palais élevé il y a quelques années pour abriter une exposition; l'aimable secrétaire me fait admirer ses vastes proportions et les annexes qu'on ne cesse d'élever avec une prodigalité qui semble un peu déraisonnable, puisque tout cela ne sert que deux fois par an : c'est à cela qu'on emploie les sommes provenant du *disestablishment* de l'Église protestante d'Irlande. En un an on a conféré 3000 diplômes, et les épreuves passent pour difficiles.

Ces universités, qui sont plus ou moins semblables à celles de Londres, rendent de réels services; il y en a plusieurs dans le reste de l'Angleterre. Mais on ne peut les comparer avec Oxford et Cambridge. Aux unes on vient demander un certificat d'instruction, aux autres un complément d'éducation. Le contraste de ces deux mots exprime bien la différence. Ici on vise un but intellectuel et là un but social.

Un commerçant fort riche avait envoyé son fils à Oxford; comme on lui demandait à quel mobile il avait obéi : « Ce n'est pas au désir de lui faire faire de belles connaissances, répondit-il; qu'il connaisse seulement le commerce et c'est plus qu'il ne lui en faut pour réussir; ce n'est pas non plus pour qu'il passe de brillants examens sur des matières que je m'empresserai de lui faire oublier ensuite; non! je l'ai envoyé là pour qu'il éprouve la tentation de ne rien faire, sans la possibilité d'y céder complètement; la tentation de dépenser trop d'argent sans le danger de se ruiner; la tentation de se mal conduire sans la facilité de se perdre; et qu'ainsi il apprenne graduellement à résister à toutes ces tentations et à d'autres encore ». Et c'est vrai! On peut y paresser, s'y endetter... et le reste; mais la lutte y est facilitée par une quantité de petites barrières savamment installées.

V

L'Université d'Édimbourg, fondée en 1582 sous le règne de Jacques VI, tient le milieu entre Londres et Oxford. L'emplacement sur lequel elle fut établie était alors dans les faubourgs au milieu de grands jardins. Actuellement elle se trouve dans la ville. C'est un vaste rectangle haut de quatre étages, d'un style à moitié grec avec des colonnes et des balustrades; l'école de médecine, dont la célébrité fut grande, en a été séparée; il y a des facultés de théologie, de droit, etc. Pour prendre un degré ès arts, il faut *suivre* les cours de grec, de philosophie, de rhétorique, de sciences morales. Le conseil d'administration se compose de sept membres, quatre élus par la ville et trois par l'Université. L'année est divisée en deux sessions qui commencent en octobre et en mai; la seconde est réservée au droit et à la médecine; de 1873 à 1878, la moyenne a été de 2171 étudiants par an; il y a 125 boursiers.

L'Écosse possède encore trois autres universités, une à Glasgow, une à St Andrews fondée en 1411 et une à Aberdeen, la cité de granit, formée en 1860 par la réunion de deux anciens collèges.

VI

Voici, extraits de l'*Oxford Review*, les sujets très multiples et très variés sur lesquels se sont exercés dans le cours de l'année 1887 les jeunes orateurs; je les cite dans l'ordre et en conservant aux motions leur forme originale. — L'assemblée désire la séparation de l'Église et de l'État (votée). — Le ministère a la confiance de l'assemblée (votée). — En cas de guerre franco-allemande les sympathies de l'assemblée seront pour la France (repoussée). — Une guerre européenne serait utile à l'Angleterre (repoussée). — L'assemblée désire voir se réaliser la fédération impériale des colonies (votée). — L'émancipation des femmes est désirable (repoussée). — La peine de mort devrait être abolie (repoussée). — Le socialisme est digne d'approbation (repoussée par 34 voix contre 3). — Le théâtre a une bonne influence sur les mœurs (votée). — L'assemblée est d'avis qu'on devrait ouvrir les musées le dimanche (votée). — *La liberté de la Presse devrait être restreinte* (votée). — L'assemblée préférerait être brûlée qu'enterrée [*rathed cremated than buried*] (votée). — La Chambre des lords est mûre pour une réforme complète (repoussée). — L'assemblée est libre-échangiste (repoussée). — L'assemblée approuverait l'établissement de relations diplomatiques avec le saint-siège (votée). — L'assemblée croit aux fantômes (votée). — La paix européenne ne peut être maintenue que par le démembrement de la France (repoussée). — Les *public schools* sont les meilleures écoles du monde (votée). — L'assemblée aime les mariages précoces (votée). — Un arbitrage international serait utile (votée). — La *Primrose League* est une institution enfantine (votée). — Une invasion en Angleterre est possible (votée). — L'état devrait réglementer le vice (votée). — Les chemins de fer gagneraient à être administrés par l'État (votée). — L'assemblée trouve que le tir au pigeon est une cruauté (votée). — La Révolution française est justifiable (votée). — Le *rowing* est un exercice salutaire (votée à l'unanimité). — L'assemblée désire la suppression des jeux de Monte-Carlo (votée). — Une taxe devrait être établie sur les célibataires (votée). — Le végétarianisme est une bonne chose (repoussée). — L'assemblée approuve le duel (repoussée à l'unanimité).

Détails typiques cueillis par-ci par-là, également dans l'*Oxford Review :* Avis aux volontaires. Mercredi, à 2 heures, exercice dans le jardin de St-John college : les officiers et sous-officiers voudront bien lire attentivement leur théorie, chapitre III, paragraphes 4 à 8.
— Mardi, le Club archéologique fera une excursion à la Tour de Londres; on se réunira à 2 heures; dîner au Holborn restaurant; retour par le train de 9 h. 45.
— Les membres de la Société d'histoire ancienne étudieront, dans leur prochaine réunion : le siège de Syracuse.

— *Phasmatological club :* Une séance aura lieu après-demain; MM. X., Y., Z. rendront compte d'une apparition et de deux avertissements de mort sur lesquels ils ont pu se procurer des renseignements positifs.

La *Volunteer Fire Brigade* (pompiers volontaires) examinera les comptes de son trésorier..... Le *Bicycle Club* (vélocipédistes) a réélu son bureau... etc. C'est ainsi chaque semaine.

VII

« CARNET D'UN ÉTUDIANT PENDANT LA COMMEM.[1] »

Oxford, juin 1887.

Mercredi 15 juin. Concert à *Jesus College*. La grande cour était illuminée avec des lanternes vénitiennes, et le chiffre de la Reine V. R. était tracé en lettres de feu sur les murs; on a surtout applaudi des chansons galloises très originales; il y avait aussi un meeting de l'Imperial Federation League, à *Exeter College*.

Jeudi 16 juin. Séance à l'Union; beaucoup de monde; des orateurs de Cambridge; débat très animé. Concert à *Keble* et à *Pembroke*; pas eu le temps d'y aller.

[1]. La commémoration termine chaque année la période universitaire. Cette fois, coïncidant avec le Jubilé, elle a été particulièrement brillante.

Samedi 18 juin. Dîner des 2 clubs conservateurs, le *Canning* et le *Chatham*, au Town Hall, sous la présidence de deux ministres, M. Stanhope et lord Harris; toasts et discours.

Dimanche 19 juin. Show Sunday, qui tire son nom d'une ancienne coutume, laquelle consiste à se montrer au coucher du soleil dans *Broad Walk*, que l'on parcourt plusieurs fois; autrement rien de particulier; il y a des sermons dans toutes les églises par les prédicateurs les plus célèbres et aussi une audition d'orgue à *Balliol College*.

Lundi 20 juin. La société Philharmonique donne son concert : on joue la « Vengeance », oratorio de Stanford. Le soir, procession des bateaux. A 6 heures précises, le coup de canon se fait entendre; le bateau de *New College*, vainqueur des dernières courses, se place en face de l'*University-Barge* et les 48 autres défilent devant lui; les équipages lèvent les avirons et acclament; mais la chose ne se passe jamais sans quelque malheur, et, cette fois, il y a plusieurs bateaux renversés, en sorte que, pendant que la musique continue ses ritournelles, la rivière présente l'aspect d'un champ de bataille maritime où nagent pêle-mêle des hommes et des avirons. C'est dans le programme.

Le soir, trois bals : l'un est donné par l'Eton Club dans les *New Schools* éclairés pour la circonstance à l'électricité; 500 personnes présentes; un autre a lieu à *Wadham College* et un autre à *Saint-John;* ce dernier a été un vrai succès : le hall était décoré avec des tentures et des fleurs; on avait mis un faux plancher; dans la tribune était l'orchestre, dissimulé dans une véritable forêt; les jardins étaient illuminés; on a dansé de 9 heures 1/2 à 3 heures du matin. Mais, au coup de minuit, toutes les danses ont été interrompues et les assistants ont salué l'aurore du Jubilé en chantant le « God save ».

Mardi 21 juin. Exposition florale (*Flower Show*) dans le jardin de Saint-John. La *Convocation* s'est assemblée pour conférer des diplômes honoraires au Roi de Danemark, à quelques princes et à d'autres personnages qui seront reçus demain; mais le Roi et les princes, retenus à Londres, ne viendront pas.

Le diplôme conféré au père de la princesse de Galles n'a pas été sans soulever des objections : on a fait remarquer que ce souverain inconstitutionnel faisait de son mieux pour marcher sur les traces de Charles Ier. — Le soir bal maçonnique; bal aussi à *New College*.

Mercredi 22 juin. Grande cérémonie à l'amphithéâtre pour la réception des nouveaux docteurs : cela n'a lieu qu'à midi ; mais il est d'usage d'arriver 2 heures d'avance ; on tue le temps par des chansons, on reçoit les personnages impopulaires avec des grognements et les dames qui ont de jolies toilettes avec des acclamations. Enfin un cortège solennel apparaît composé des huissiers, du vice-chancelier, des proctors, des docteurs, etc., lesquels s'assoient en demi-cercle. Le vice-chancelier lit les noms de lord Acton, Arthur Peel, le *speaker* de la chambre des communes, un professeur de Dublin, un membre de l'Université d'Harvard (États-Unis), M. Maspéro, professeur d'égyptologie au Collège de France... et quelques autres. Après chaque nom, le vice-chancelier s'inclinant prononce la formule sacramentelle : « Placet ne venerabili huic convocationi, huic nomini assentire? Placet ne vobis, Domini Doctores? Placet ne vobis, Magistri? » — Et chacun répond : « Placet. » Alors s'adressant au récipiendaire, le vice-chancelier lui dit : « Domine, auctorite mea et totius universitatis admitto te ad gradum doctoris in Jure civili, honoris causa. » — Poignée de main et le nouvel élu va s'asseoir. M. Peel est très applaudi et on essaye de chanter la *Marseillaise* pour M. Maspéro, mais cela ne réussit pas. Enfin, le « public orator » fait un long speech en latin ; après quoi l'on décerne les prix pour les essais latins, anglais et grecs. Le sujet de la composition latine était : La vie et la mort de Gordon.

Tous les assistants vont luncher dans les collèges, pour se retrouver ensuite à la fête maçonnique dans les jardins de *Worcester*, où les docteurs n'ont garde de ne pas montrer leurs belles robes toutes neuves. — Le soir, bal à *Brazenose*, le plus grand de la saison ; toute la cour a été couverte et forme une immense salle de danse ; il y a aussi concert à *Magdalen college*, dont le cloître est éclairé par des myriades de petites lanternes.

Jeudi 23. Nuncham-Day, c'est-à-dire jour où M. Harcourt ouvre aux visiteurs sa propriété de Nuncham. On s'y rend en bateau; les plus légers esquifs sont réquisitionnés pour cette occasion et descendent la rivière de compagnie avec des canots de toutes dimensions et les lourdes maisons flottantes traînées par des chevaux sur la berge : rien de pittoresque comme cette route liquide surchargée de véhicules aquatiques. C'est une agréable journée pour finir.

Vendredi 24. Départ général.

Morale : Beaucoup de joyeux souvenirs dans les cervelles de MM. les étudiants; beaucoup de fleurs séchées et de gants parfumés dans leurs tiroirs.

« TOYNBEE HALL »

« Tel père, tel fils, » dit le plus faux des proverbes.

En étudiant les Anglais d'aujourd'hui, on est porté à se figurer qu'ils ont toujours eu le même caractère, les mêmes idées, les mêmes penchants; heureusement l'histoire est là pour rectifier ce jugement et rappeler les extraordinaires bouleversements que leur pays a traversés. Ils n'étaient alors ni si tolérants, ni si attachés à leurs coutumes, ni si facilement gouvernables, ni même si entreprenants au dehors que nous les voyons à présent. Chez eux, la grande œuvre des cent années ou même des cinquante années qui viennent de s'écouler ç'a été l'épanouissement de la liberté la plus complète et la plus réelle qu'un peuple ait jamais pu supporter, et l'expansion coloniale la plus gigantesque dont le monde ait été témoin. Ma conviction, c'est que, dans cette œuvre-là, l'éducation a joué un rôle capital et que c'est à elle que revient l'honneur de la transformation du caractère national.

Mais si chacun n'en apprécie pas également les bienfaits, nul ne conteste l'existence d'un régime libéral en Angleterre et, d'autre part, les progrès de la colonisation britannique sont apparents. Comme l'éducation anglaise tend à produire des hommes libres et des lutteurs (j'espère l'avoir suffisamment prouvé), on me concédera bien qu'elle puisse avoir contribué à ce double résultat. Ce qui sera moins facilement accepté, c'est qu'elle soit pour quelque chose dans le mouvement philanthropique qui s'accentue chaque jour en Angleterre. « Votre éducation anglaise, m'a dit une fois un monsieur grognon, elle n'est bonne qu'à faire des égoïstes, sapristi ! » Je prie ceux qui pensent de même de m'accompagner à Toynbee Hall ; ils y verront de quoi sont capables ces étudiants que les nôtres regardent dédaigneusement du haut de leur savoir, mais que je m'obstine à croire très supérieurs pour le caractère, l'activité et la valeur morale au produit d'un surmenage inintelligent.

« TOYNBEE HALL »

Il y a bientôt trois ans que Toynbee Hall a ouvert ses portes aux habitants de Whitechapel. — Whitechapel!... nom devenu, en Angleterre, synonyme de misère et de pauvreté ; pour quiconque s'est aventuré dans les districts de l'East London, il n'éveille que des souvenirs poignants : car il est impossible de visiter cette ornière humaine sans en rapporter une pénible impression : on y sent l'impuissance, la fatalité, l'écrasement, et ce doit être le premier sentiment de celui qui y vient exercer la charité qu'autant vaudrait entreprendre de remplir le tonneau des Danaïdes. Si les fondateurs de Toynbee Hall ont eu cette pensée, ils ne s'y sont point arrêtés et, comme la charité est susceptible de revêtir les formes les plus diverses, ils en ont choisi une à la fois neuve et hardie qui mérite de fixer l'attention.

I

J'ai là, sous les yeux, le rapport présenté l'année dernière par le comité de l'association : il n'a rien de la sécheresse habituelle à de pareils documents et contient de lumineux aperçus sur les côtés les plus délicats, les plus imprévus aussi de la question ouvrière. En tête est transcrit le passage des statuts relatifs au but que l'on s'est proposé d'atteindre. Ce but est triple. Avant tout, on a voulu fournir à la population des quartiers pauvres de Londres — et plus tard, des autres grandes villes — les bienfaits d'une instruction solide en même temps que les distractions dont elle a si grand besoin. On s'est flatté, en second lieu, de découvrir en pénétrant ainsi le secret de ces pauvres existences les meilleurs moyens de les améliorer; on a désiré enfin pouvoir fonder une œuvre durable, reconnue et appréciée de tous et assez riche pour se suffire ensuite à elle-même, sans avoir à compter avec les résultats, parfois problématiques, d'une quête annuelle. On s'est dit que si des hommes supérieurs, instruits et intelligents venaient vivre, en simples citoyens, dans ces quartiers perdus, en même temps qu'ils acquerraient de l'expérience dans l'art de comprendre les grands centres ouvriers, ils s'assureraient les sympathies de ceux dont ils chercheraient à ennoblir la vie en leur prêchant « l'Évangile social »; et que ces sympathies profiteraient à toute la haute classe. Mais la condition première est d'être là chaque jour et à chaque heure. C'est là le point original; il ne s'agit pas de venir faire des cours ou de présider des séances, il s'agit de résider au milieu de ces hommes, afin qu'ils ne vous perdent pas de vue et ne s'imaginent pas qu'on joue double jeu ou qu'on est guidé par autre chose que le désir de leur être utile. Pour une pareille mission, il fallait des jeunes; on a battu le rappel dans les Universités et les jeunes sont venus, ardents, enthousiastes, comprenant que l'avenir de l'œuvre dépendait du début et se rendant parfaitement compte, comme l'a écrit l'un d'eux, qu'on ne leur demandait pas tant d'accomplir une certaine besogne que de *vivre un certain genre de vie*. L'expérience a pour but de montrer ce que peut produire le « fellow service » entre concitoyens. Loin de la désirer, on redoute l'ingérence de l'État et on fait peu de cas de ces convulsions philanthropiques qui agitent à intervalles réglés l'opinion publique, donnant lieu chaque fois à une croisade aussi éphémère que soudaine. Non, une telle œuvre, l'État l'engourdirait s'il y touchait. Il faut l'élasticité, l'émulation, le sacrifice pour la faire prospérer.

Le fait est qu'une certaine dose de dévouement est nécessaire à ces jeunes gens qui ajoutent à leur stage universitaire un nouveau stage de deux ou trois ans; ce qui retarde d'autant leur entrée dans les carrières fructueuses sans leur assurer en retour le moindre avantage pécuniaire. On pourrait ajouter que la vie est un peu triste pour eux dans cet exil ; cependant tous ceux qui ont passé déjà par Toynbee Hall semblent en avoir conservé le meilleur souvenir.

L'établissement est situé dans *Commercial street*, non loin d'une des stations du Métropolitain par lequel on est en communication avec le reste de Londres. Par une porte de modeste apparence on pénètre dans la cour qu'entourent des bâtiments de briques rouges, d'architecture simple, mais gracieuse, et surtout égayés par les plantes grimpantes et les fleurs qui couvrent les façades. Au rez-de-chaussée il y a un salon dans lequel nous entrerons tout à l'heure, puis une salle de conférences, d'autres plus petites, la salle à manger. Au premier, des chambres : les cloisons sont en sapin ciré, mais c'est propre, luisant et réellement confortable. Dans un autre corps de logis, la bibliothèque nouvellement installée.

En plus des résidents il y a des visiteurs qui viennent pour un temps plus ou moins long et parmi eux des étudiants profitant de leurs congés pour s'essayer à cette existence en attendant qu'ils soient libres de venir résider à leur tour. Les uns et les autres trouvent à Toynbee Hall la plupart des avantages dont ils jouiraient dans un club — avec, en plus, quelque chose de fraternel et d'un peu monacal. Ces mêmes avantages sont accordés aux *associés* : ceux des habitants du voisinage auxquels on décerne ce titre s'en montrent très fiers; c'est pour eux une vraie récompense. Il y a enfin beaucoup de non-résidents qui viennent à jour fixe de Londres ou des environs remplir leur part de besogne; en 1885, il y eut près de 30 résidents et environ 80 visiteurs. On comprend la rapide influence qu'exercent les membres de Toynbee Hall autour d'eux; quel courant d'idées lancées par eux dans ce milieu jusqu'alors si peu élevé.

Les programmes d'enseignement sont dignes d'attention : j'y relève pour le printemps et l'été de la présente année les cours suivants : littérature anglaise — économie politique — philosophie — histoire — français et allemand — latin — chimie pratique — géologie — botanique, histoire naturelle — hygiène, — puis le chant, le dessin et enfin la menuiserie, la charpenterie, etc. La chimie est étudiée avec manipulations et la géologie accompagnée de projections : les élèves de la classe de français lisent *le Tour du monde en 80 jours*, — et les plus avancés en latin expliquent Jules César. 582 auditeurs ont suivi les cours pendant l'hiver de 1886. Comme je m'étonnais de ce qu'on enseignât le latin et la philosophie à des ouvriers, quelqu'un m'a dit : « Ce qui les frappe davantage n'est pas toujours ce qu'on croirait le plus apte à les frapper. » — Je me souviens en effet d'avoir souvent vu des ouvriers entrer dans le magasin de la Bibliothèque nationale, rue de Richelieu, à Paris; j'entrais derrière eux et que de fois j'ai été surpris d'entendre les titres des livres qu'ils demandaient!

En plus des cours, il y a des conférences extraordinaires, où des hommes tels que lord Wolseley n'ont pas dédaigné de se faire entendre. Mais ce n'est encore là qu'un côté de l'œuvre. On ne saurait dire le nombre de sociétés qui gravitent autour de Toynbee Hall : c'est l'association sous toutes ses formes, et le nouveau venu, en face de sollicitations aussi diverses, ne doit vraiment pas savoir par où débuter. Il y a d'abord les sociétés charitables ressemblant beaucoup à celles que nous plaçons en France sous le patronage de saint Vincent de Paul; puis des sociétés musicales, une société archéologique qui compte 50 membres et organise des visites dans les musées ou des excursions; un club d'histoire naturelle; un autre pour l'étude de Shakespeare, une société philosophique, un comité pour l'amélioration des logements ouvriers, etc. Les comités sanitaires ont rendu de grands services en forçant le landlord et les autorités, chacun de leur côté, à remplir des obligations trop souvent négligées; naturellement on a commencé par regarder ces importuns un peu de travers et puis peu à peu on a rendu justice à la pensée qui les guidait. Il y a toute une organisation ayant pour but de mener les enfants pauvres passer leurs congés à la campagne, de leur trouver un *home* pour une partie des vacances... cela leur fait grand bien physiquement et moralement, sans compter le bien que cela fait aux parents indirectement.

Toynbee Hall est aussi le siège d'une ligue pour la réforme de l'enseignement primaire; les ligueurs demandent que les maîtres dans les écoles soient des gradés des Universités ; ils réclament des améliorations dans le service de l'inspection et enfin des écoles et des terrains de jeux... Que ne pouvons-nous leur céder quelques douzaines de ces palais municipaux qui nous écrasent! — On s'est trouvé en présence de clubs d'ouvriers qui n'étaient pas bien utiles à conserver, on leur a rendu de la vie et de l'utilité en y établissant des discussions hebdomadaires, très libres et sur toutes espèces de sujets.

La pièce la plus curieuse de Toynbee Hall, c'est sans contredit le grand salon du rez-de-chaussée que j'ai déjà mentionné ; il est rempli de bibelots, de gravures, d'étoffes, d'étagères et de petits meubles ; il y règne cette élégance mondaine aux délicatesses de laquelle on croit trop que les classes laborieuses demeurent indifférentes. Dans ce salon, bien des existences semblables ont été rapprochées, bien des liens ont uni des hommes qui ont la même lutte à soutenir. Mais on a été plus loin ; après les soirées on a imaginé des dîners..... une fois, par exemple, on a invité le comité directeur d'une société coopérative ; les hommes ont amené leurs femmes et tous s'en sont allés ravis.

Ces « hospitalités » n'ont pas été sans soulever quelques critiques : on a été jusqu'à dire que la méthode de Toynbee Hall consistait à « sauver des âmes au moyen de bibelots, de musique et de matinées ». — Eh bien ! cela est vrai dans un certain sens : ce n'est pas là *tout* le plan, mais c'est une partie du plan. Les âmes, en définitive, sont comme les plantes; dans les appartements pour l'atmosphère desquels elles ne sont point faites, on les entretient par des moyens artificiels, avec des soins spéciaux. Que tout cela soit bizarre, c'est certain; mais l'important c'est de savoir si le résultat est bon.

Bien entendu, le sport joue un grand rôle dans les associations; on se groupe pour le *foot-ball*, pour le *lawn-tennis*; il y a un cercle d'escrime et de boxe et un équipage de *rowingmen*. Il y a aussi un gymnase et un corps de 60 volontaires exercés par des officiers. Quant aux finances, je n'en parle pas pour ne pas être trop long; un semblable effort ne se fait pas sans que l'on s'endette; le tout est de s'endetter à propos. L'argent ne manque pas et on peut être sûr qu'il ne manquera pas; néanmoins il faudrait soustraire l'œuvre aux fluctuations de la générosité *annuelle;* il faudrait obtenir des bourses et autres fondations du même genre auxquelles les Anglais attachent si volontiers leur nom.

II

On notera d'abord le caractère *local* de l'entreprise : sans doute il est bien entré dans les vues des fondateurs d'étendre le plus loin possible leur action; mais ils se sont proposé surtout de servir de modèle, de fournir un exemple, et assez satisfaisant, pour qu'il soit suivi; ils n'ont point cherché à généraliser leur idée; ils ont commencé par défricher modestement un petit coin de terrain, mais ils l'ont défriché à fond, afin que l'on puisse juger des mérites de la méthode employée. Ce n'est pas ainsi que nous procédons la plupart du temps; la faute en est peut-être à l'esprit français, apte à prendre des vues d'ensemble, à généraliser plutôt qu'à localiser; mais c'est là une tendance contre laquelle nous devrions lutter. Que de forces individuelles dont l'action a été paralysée pour avoir été éparpillées, tandis que, réunies sur le même point, elles eussent produit un résultat important! Et que d'œuvres qui sont mortes pour n'avoir pas été restreintes au milieu pour lequel elles avaient été conçues. En vérité il vaut cent fois mieux réussir complètement en un seul endroit que végéter un peu partout; la dispersion affaiblit.

Si je n'ai pas mentionné le point de vue religieux, c'est que je n'en ai pas eu occasion. La religion en effet ne paraît pas à Toynbee Hall très ostensiblement; — mais c'est précisément cette absence qui constitue un fait digne de remarque, car les résidents sont tous de bons protestants et demeurent persuadés que le christianisme est le bien le plus désirable pour les classes laborieuses dont il adoucit les souffrances; seulement ils se gardent de compromettre son triomphe en se heurtant à des préjugés, absurdes sans doute, mais bien réels. Il faut, pensent-ils, que la religion soit la conséquence, qu'elle vienne consolider et couronner l'œuvre de relèvement. Un d'entre eux a organisé des lectures de la Bible pour l'après-midi du dimanche, et, tout en constatant la bonne volonté de ses auditeurs, il déclare être assez sceptique quant au résultat : on l'écoute le dimanche parler religion, parce qu'il apprend à nager et à ramer dans la semaine. Ce qu'on peut faire, c'est prêcher par l'exemple en se montrant assidu aux offices, mais sans y entraîner les autres ; voilà ce qu'on pense là-bas, et c'est pourquoi tout y paraît tendre à un but matériel. Même dans la partie intellectuelle de l'entreprise se retrouve la préoccupation d'améliorer le sort de l'ouvrier, de lui rendre sa vie agréable et non de lui remettre sans cesse devant les yeux la compensation qui l'attend dans l'autre monde, perspective qui ne suffit pas à le soutenir dans celui-ci. « Je pense, a dit un jour sir Sidney Waterlow, que nous devons rendre le *home* aussi séduisant et commode que possible et développer par là tous les sentiments de famille. » — Cela n'est pas non plus le système adopté en France, où les catholiques dans leurs efforts pour conquérir l'ouvrier ont toujours mis la religion en avant. Il est permis de croire que c'est en évitant cet écueil que les jeunes gens de Toynbee Hall ont su grouper des dévouements précieux choisis dans les camps politiques les plus opposés et surtout garder à leur établissement l'esprit de tolérance qui le distingue. En France, Toynbee Hall serait vite devenu une petite église.

Mais cette tolérance, cette liberté d'appréciation et d'opinion ne constituent pas la seule diplomatie des résidents, ils ont recours également aux délicatesses de l'esprit d'égalité. Chez nous, celui qui « fait du bien » et s'y dévoue appartient généralement à ces classes qu'on nomme dirigeantes, depuis qu'elles n'ont plus rien à diriger, et cela lui paraît un titre suffisant à la considération de ceux dont il s'occupe. Dans ses rapports avec eux, s'il n'y a pas une nuance d'orgueil et de dédain, il y a toujours de la condescendance. Ici au contraire il faut prouver d'abord que l'on est digne de respect; la considération est individuelle et non générale. Les jeunes gens s'efforcent de faire toucher du doigt à leurs voisins leur propre supériorité. C'est là un grand point, parce que, lorsqu'on reconnaît une supériorité, on est bien près de l'accepter. Pour cela il faut, il est vrai, ce contact de tous les jours, cette *résidence* qui est le nœud du système de Toynbee Hall. Les ouvriers qui y sont entrés (et il y en a déjà beaucoup) y ont laissé bon nombre de préjugés sur un monde dont, n'approchant jamais, ils se faisaient les idées les plus fantaisistes.

En dernier lieu, je ferai observer que cette œuvre est une œuvre d'éducation. L'éducation suppose une période plus ou moins longue mais non indéfinie. Arrive un jour où l'enfant échappe à ses maîtres pour aller tout seul; ainsi en est-il pour les travailleurs de Whitechapel. « Je travaille, dit un des résidents, à me rendre de moins en moins nécessaire. » Nous retrouvons donc ici l'émancipation qui est la fin de tout en Angleterre et ce à quoi l'on tend toujours, à l'inverse de nous qui nous efforçons le plus souvent de retenir dans notre dépendance ou sous notre influence ceux qui une fois nous ont été soumis.

Il y a d'autres œuvres universitaires plus ou moins semblables à celle-ci ; plutôt que de les énumérer toutes, j'ai préféré en analyser une en détail; cette analyse est tout à l'honneur des étudiants ; quelle ardeur philanthropique, et surtout quelle rectitude de vues, quelle intelligence de leur époque chez ces jeunes gens qui passent pour être élevés d'une façon antique et rococo !

PROBLÈMES ET SOLUTIONS

I

Voici notre enquête terminée.

Tout le long du chemin, presque involontairement, j'ai pensé à la France, exprimant souvent les comparaisons que suggérait le voyage, et en sous-entendant beaucoup d'autres. Qui me reprochera d'avoir agi de la sorte? S'il n'y avait pas en France des Français à élever, quel intérêt aurait-on à étudier les systèmes d'éducation des autres peuples?

Parmi les problèmes scolaires, celui qui aujourd'hui surexcite le plus l'opinion publique dans notre pays, c'est le surmenage; ce n'est peut-être pas le premier par rang d'importance; mais tous les chemins sont bons qui mèneront à une réforme; et puisque celui-là est le plus fréquenté, prenons-le.

Le surmenage — un mot barbare, a dit spirituellement M. Jules Simon, et auquel on ne peut reprocher de l'être, puisqu'il sert à désigner une barbarie — a été fort à la mode l'hiver dernier. Je crois même qu'il a eu sa place dans les revues et les chansons de cafés-concerts, ce qui est vraiment la consécration supérieure de toute popularité. Il serait regrettable de voir une question si sérieuse et qui demande à être traitée avec une si grande réserve tourner à l'emballement et devenir la manie d'un jour. Mais si on en a parlé à la légère, elle a aussi été discutée par des hommes éminents. L'Académie de médecine, considérant que le surmenage avait pour corollaire l'oubli des lois de l'hygiène, s'en est occupée. Somme toute, la conclusion à laquelle on semble s'être arrêté généralement, c'est qu'il faut introduire de grandes réformes dans le mode et les programmes d'enseignement.

Est-ce bien là qu'est le remède?

Il est permis d'en douter. Certes nos écoliers travaillent trop; leurs programmes sont trop étendus et l'enseignement même gagnerait à être restreint. Mais si l'on se borne à supprimer des heures de travail sans rien mettre à la place, ce n'est vraiment pas la peine. Serait-ce seulement pour prolonger ce qu'on appelle, dans nos collèges, des récréations? Oh! Alors non! Il faut encore mieux laisser les enfants courbés sur les pupitres que de les faire tourner entre quatre murs autour d'un arbre rachitique. On a évidemment trop donné à l'esprit, mais surtout on n'a pas assez donné au corps, et augmenter la durée des récréations, ce n'est pas combler la lacune. Vous avez beau dire aux enfants de jouer, à quoi voulez-vous qu'ils jouent quand vous les lâchez dans ces préaux qui seraient trop étroits pour le sixième d'entre eux? C'est vraiment une recommandation un peu ironique [1]. Ah! je sais! il y a les *promenades*, ces randonnées malsaines à travers Paris. Peut-on voir passer sans serrement de cœur les longues files de collégiens obligés d'employer de cette inepte façon leurs congés hebdomadaires? Si on diminue le temps de

---

[1]. Mgr Dupanloup rapporte cette parole si simplement éloquente qui lui fut dite un jour par ses élèves : « Si vous saviez, monsieur le supérieur, comme ça nous ennuie de nous amuser de la sorte ».

leurs études, il y aura sans doute deux de ces promenades par semaine au lieu d'une. Voilà une belle avance! Non! ce n'est pas là qu'est le remède; cherchons ailleurs.

Beaucoup de nos collèges parisiens sont de vieilles constructions; l'aération y est mal établie, le quartier est souvent peu sain. On conçoit que ces conditions ne soient pas favorables au développement physique des enfants, et toutes les mesures d'hygiène qui seront prises à l'égard de tels établissements ne devront être qu'applaudies. Mais il en est d'autres, nouvellement fondés, où ces mesures ont déjà été appliquées. Je visitais, au printemps, le lycée Janson-de-Sailly, situé à Passy, dans la rue de la Pompe. Le long des bâtiments courent de grandes galeries ouvertes et les façades sont égayées par des pierres de couleur qui en rendent l'aspect « agréable et plaisant à l'œil », me disait mon cicerone; de plus, grâce à des promenoirs savamment disposés, on peut circuler à l'abri d'un bout à l'autre du lycée. Eh bien! on n'y joue pas plus qu'ailleurs, malgré les mosaïques des murailles, et les enfants préféreraient peut-être à toutes ces belles choses un grand jardin dans lequel ils pourraient gambader tout à l'aise, quitte à recevoir de temps à autre quelques gouttes de pluie. Dans ce même lycée Janson comme dans beaucoup d'autres, il y a un gymnase et une salle d'armes. Le sport y est, au gré de bien des gens, très suffisamment représenté de la sorte. Certes, la gymnastique a une importance capitale, et ce n'est pas moi qui dénigrerai l'escrime. Je crois pourtant devoir faire les réserves suivantes. La gymnastique a lieu pendant les récréations, et, comme il y a beaucoup d'élèves pour le même trapèze, chaque élève ne fait guère plus d'une culbute par jour, moins le jeudi et le dimanche!... Pourquoi donc le gymnase n'est-il pas toujours ouvert, avec faculté pour les écoliers d'exercer leurs biceps toutes les fois que bon leur semble? Tant que la gymnastique sera réglementée de la sorte, il n'y aura pas grand'-chose à en attendre. Quant à l'escrime, même remarque. Le professeur ne peut consacrer que quelques instants à chacun, et, s'il laisse des débutants ferrailler les uns contre les autres, ceux-ci prennent de détestables habitudes qui les empêchent ensuite de devenir bons tireurs. J'ajouterai que l'escrime — ce sport français par excellence et dont nous avons presque le monopole — n'est pas de ceux que les enfants puissent apprécier; il est bon qu'ils s'y adonnent dès leur jeune âge, mais le fleuret exige du sang-froid, de l'expérience et le complet développement du corps.

En été, il y a les bains froids; cela dure deux mois de l'année : le reste du temps, on ne se lave pas. Il devient manifeste que le nombre augmente de ceux qui trouvent le système des ablutions utile, pour ne pas dire nécessaire à la santé aussi bien physique que morale. Mais passer de la théorie à la pratique est chose laborieuse; tout compte fait, je sais un collège qui a une piscine : c'est le lycée de Vanves, organisé d'ailleurs avec un soin tout spécial. Malheureusement la piscine, n'étant pas couverte, ne sert pas l'hiver. Un simple rapprochement : à Harrow, près de Londres, chaque élève (ils sont cinq cents) paye environ 12 francs par an pour l'entretien de la piscine; ce n'est pas cher : je ne sais ce qu'a coûté l'installation première, mais cela vaut bien la peine qu'on fasse un sacrifice.

Quand on aura ouvert les gymnases et construit des piscines, la question du surmenage aura déjà fait un pas vers sa solution définitive et cela sans qu'il y ait eu besoin d'empiéter beaucoup sur les classes et les études. Mais tout ne sera pas dit. Aucune précaution hygiénique, aucun exercice, militaire ou non, ne peuvent remplacer les jeux. La variété dans les jeux est une condition *sine qua non*. Comment voulez-vous que des enfants dont le caractère, la force et les aptitudes physiques sont si différents puissent prendre plaisir à jouer tous au même jeu? Les choses sont pourtant ainsi, et l'on en arrive à imposer un jeu et à donner des pensums et des punitions aux enfants qui n'y prennent pas part ou n'y apportent pas assez d'entrain. Ce qui est, à coup sûr, très ingénieux. Alors, pour éviter les châtiments immérités, les enfants apprennent l'hypocrisie et font semblant de jouer jusqu'à ce que le surveillant ait de nouveau le dos tourné et qu'ils puissent reprendre la conversation interrompue... Dieu sait sur quel sujet elle roulait.

Dans les rares occasions où j'ai vu des collégiens français laissés libres de se grouper pour un jeu quelconque, j'ai toujours remarqué l'ardeur qu'ils y apportaient, ils n'eussent pas été si empressés autrement; mais cette ombre d'association, cette autonomie, ce trésorier nommé pour recevoir de minimes cotisations destinées à assurer le fonctionnement ou l'achat des objets nécessaires, tout cela redoublait leur zèle, en même temps que naissait l'émulation toujours plus facile à activer entre groupes qu'entre individus. Ces deux particularités, variété et liberté, se retrouvent partout dans les jeux anglais. Quant à l'encouragement à donner aux jeux, ce n'est pas assez qu'il vienne des maîtres. En Angleterre il vient du public tout entier; comment de jeunes garçons ne se prendraient-ils pas d'enthousiasme pour des concours auxquels des hommes faits, instruits et intelligents se montrent prêts à prendre part? L'opinion était restée froide à cet égard chez nous; mais un changement indéniable s'opère et les exercices du corps deviennent en honneur. On a établi des concours d'escrime et de gymnastique : il en faut d'autres, plus fréquents ; il faut des prix et des applaudissements.

Le problème est donc d'introduire dans nos mœurs scolaires des jeux qui présentent ce triple caractère : la variété, le groupement, la popularité ; c'est-à-dire qu'il y en ait pour tous les âges et pour toutes les aptitudes, qu'ils soient organisés par les joueurs eux-mêmes se groupant à leur guise et qu'enfin ils excitent l'émulation et l'enthousiasme. Pour cela il y a de sérieuses difficultés à vaincre, dont quelques-unes particulières à la France. La première de toutes provient de la situation de nos collèges, presque toujours établis dans des villes, chef-lieux de département ou grands centres d'industrie et de commerce ; à peine compte-t-on quelques exceptions. Le nombre des élèves est également un obstacle quand il s'agit de jeux qui n'en peuvent naturellement grouper que quelques-uns. Multiplier les groupes devient alors nécessaire ; c'est une dépense de place et d'argent. Or, dans les grandes villes, le terrain est très cher, et d'autre part, bien des parents, qui se gênent déjà pour mieux élever leurs enfants, ne se soucient guère de voir augmenter les frais de la pension. On pourrait répondre que c'est une aberration d'établir des collèges ailleurs qu'à la campagne et que, d'autre part, moins ils seront peuplés, mieux cela vaudra; mais ce sont des réformes, la première surtout, qui ne s'accompliront pas du jour au lendemain, et force est bien de compter avec l'état de choses actuel et de s'en arranger quand on ne peut faire autrement.

Trouver des terrains est le premier point : cela est difficile partout et semble impossible à Paris, car en province on peut encore avoir une porte de sortie sur la campagne; mais à Paris? Il faudrait que chaque collège eût hors des fortifications un champ de taille respectable; on y jouerait pendant 5 heures consécutives deux fois par semaine; pas d'encombrement à redouter, car il n'est pas utile que toutes les divisions y aillent le même jour, bien au contraire. En hiver, le *foot-ball*, qui ne demande pas de grands frais d'installation; en été, le *cricket* et le *lawn-tennis* y feraient les délices de nos collégiens. Ce dernier sport, dont le goût commence à se développer en

France, nécessite un sol soigneusement entretenu, des raquettes et des balles en bon état; néanmoins, on peut se contenter d'un terrain de sable durci ou d'asphalte, ce qui réduit considérablement la dépense. Pourquoi le *cricket* a-t-il toujours été dédaigné par nous? C'est un jeu superbe, du plus haut intérêt, exigeant de la discipline et faisant naître l'esprit de corps. Son perfectionnement n'a de limite que la force des joueurs, car c'est surtout de la force qu'on y déploie. Un Anglais appelait le *cricket* l'« habeas corpus » de ses jeunes compatriotes; il est bien en effet leur charte fondamentale. L'énumération des autres jeux qui mériteraient d'être introduits chez nous serait trop longue à faire : chaque saison a les siens et c'est le cas de dire qu'il y en a pour tous les goûts; notons seulement le *Hare and hounds*, sorte de chasse aux petits papiers très passionnante. Mais on peut aussi trouver d'autres genres de divertissements. En Angleterre j'ai partout trouvé des ateliers où les élèves se livrent à divers travaux manuels, de menuiserie, de métallurgie... sous la direction d'un habile ouvrier. J'ai vu ces ateliers fréquentés surtout pendant la mauvaise saison, et il n'est pas besoin de faire valoir leur utilité. C'est après tout le vœu de Jean-Jacques Rousseau ; mais lui était guidé par je ne sais quel sentiment à la fois poétique et égalitaire en l'exprimant, et les Anglais ont vu tout simplement le côté pratique de la question, l'avantage qu'il y a à savoir se servir de ses mains pour façonner du bois ou du fer.

Évidemment la plus grosse objection à de telles innovations c'est le prix qu'elles coûteraient ; dans l'hypothèse où les collégiens auraient un terrain de jeu situé à une grande distance de leur collège, il faut songer aux moyens de les y transporter ; c'est un détail qui a son importance. Mais les chemins de fer sont là avec leurs cartes d'abonnement et les frais pourraient être assez minimes. L'État, qui est chez nous un si gras personnage, pourrait, il me semble, donner ou prêter des terrains. Est-ce trop attendre de sa générosité ? espérons que non ; mais comme il est préférable d'avoir deux cordes à son arc, il importerait que les collèges pussent avoir recours à une association, à une ligue qui se fonderait pour faciliter l'introduction des jeux et les encourager par tous les moyens possibles. Une telle ligue sera-t-elle donc si difficile à établir et à maintenir? En tout cas, l'expérience vaut la peine d'être tentée. Les sociétés d'anciens élèves pourraient également jouer un rôle utile. Ce serait à elles à donner des prix, à diriger le concours... De la sorte on arriverait à fournir le matériel à très bon compte; resteraient seulement les petites cotisations nécessaires pour que les enfants se sentent bien maîtres et propriétaires de leurs jeux : ce ne serait plus rien.

Si la question financière est la plus importante, elle n'est pas la seule; des pères s'inquiéteront sans doute de ce qu'ils considéreront comme une occasion d'échapper à la surveillance, une fissure dans la discipline à laquelle ils aiment voir leurs enfants continuellement soumis. Sans vouloir discuter ici les mérites de la surveillance étroite que l'on pratique en France, il me semble qu'elle ne sera pas plus difficile à exercer dans un champ en pleine campagne que dans les corridors et les cours. Les jeux, au début, mettront peut-être quelques cervelles en ébullition ; mais cela se calmera bien vite. Enfin, dira-t-on, ces jeux prendront du temps et il faudra rogner sur les études !... c'est ici que les modifications dans les programmes dont on parle tant, trouveront leur place ; mais on conçoit qu'avant de tout bousculer pour opérer ces réformes, il faille entreprendre ce qui les rendra nécessaires. Avant de faire une place, prenons-en la mesure, afin de ne pas tailler une brèche exagérée dont il faudrait bientôt combler une partie.

Je suis persuadé que l'expérience démontrera bien vite, et mieux que tous les raisonnements, que le véritable remède au surmenage ou plutôt aux effets qu'on lui attribue n'est pas dans l'affaiblissement et le ralentissement des études, mais dans le contrepoids que le sport fournit à la fatigue intellectuelle. C'est le sport qui rétablira l'équilibre rompu ; il doit avoir sa place marquée dans tout système d'éducation ; qu'il pénètre chez nous et bientôt l'on reconnaîtra tous les avantages dont on lui sera redevable.

II

Dernièrement, à Bruxelles, des docteurs en droit se sont trouvés au nombre des candidats pour une place d'huissier à la Chambre des députés.

Voilà du déclassement, ou je me trompe beaucoup. Que si vous en voulez une définition plus scientifique, j'appellerai déclassés tous ceux qui, ayant reçu une éducation supérieure à leur condition sociale, n'ont pas eu le talent de s'en servir pour sortir de cette condition et s'affranchir de son joug.

Il est vrai que, parfois, le déclassement s'est fait à l'inverse, de haut en bas; mais si fréquentes que puissent être les catastrophes causées par des revirements de fortune, ce ne sont encore que des cas exceptionnels : ce qui produit la grande masse des déclassés, c'est la disproportion entre l'éducation et la condition sociale. — Il n'y a à échapper aux conséquences de cette disproportion que quelques natures d'élite supérieurement douées ou pouvant suppléer à force d'énergie aux dons naturels. Les autres retombent dans le milieu où ils sont nés, mais y retombent désorientés, n'étant plus bons à exercer un métier qu'ils considèrent comme vil et en même temps en ayant appris et vu assez pour apprécier leur chute et en souffrir. Le résultat est de faire une foule de mécontents, d'aigris, toujours en rébellion contre les lois et forcément révolutionnaires dans un sens ou dans l'autre — et en ce qui concerne les collèges, d'y introduire un élément propre à en abaisser le niveau et dont l'influence est pernicieuse. Mais avant d'entrer dans quelques détails à ce sujet, il est bon de rechercher les causes de ce déclassement. Elles sont multiples : une fausse interprétation des principes démocratiques — la bureaucratie actuelle, laquelle permet toujours d'attendre d'un changement gouvernemental un rond de cuir quelconque

— l'auréole attachée à cet emploi de fonctionnaire; enfin l'impossibilité qui a subsisté jusqu'à ces derniers temps de s'instruire sans sortir de sa sphère, l'absence en un mot de tout enseignement autre que l'enseignement libéral.

La démocratie est l'ennemie du privilège aussi bien en haut qu'en bas; c'est en ce sens qu'elle est égalitaire. Il y a des avantages qui lui échappent (le représentant d'une famille illustre sera toujours plus en vue que celui qui porte un nom inconnu); mais ceux dont les hommes disposent, elle ne veut pas qu'ils soient attribués aux hasards de la naissance, à l'exclusion d'une certaine classe de citoyens. Elle veut, en un mot, que tous puissent s'élever; cela ne veut pas dire qu'il faut que tous s'élèvent; ce serait passer d'un principe dont bien peu de gens contestent aujourd'hui la justesse à une parfaite utopie; il faudrait commencer par décréter l'égalité des intelligences, disposition qui manque dans la collection des lois grotesques de la Terreur. Si, ne pouvant agir directement contre cette inégalité-là, on s'efforce d'y suppléer en favorisant par tous les moyens les moins intelligents et en entassant les difficultés sur la route des mieux doués, on fait du privilège à l'envers ; et d'ailleurs on n'arrive qu'à produire une médiocrité générale.

Malheureusement quand on répète à un homme qu'il a le droit d'arriver à tout, s'il n'a pas beaucoup de bon sens il en conclut rapidement qu'il *peut* en effet y arriver ; la confusion est toute naturelle. Un peu de confiance dans l'étendue de ses capitaux intellectuels, un peu d'espoir en l'avenir, une invocation à Dieu — ou au Hasard, s'il est libre penseur, et le voilà parti !... Il entreprend l'ascension d'une montagne sur les dimensions de laquelle il s'illusionne le plus souvent. Au sommet, dans un nimbe glorieux, resplendit en lettres de feu le mot « administration ». Ah ! quel honneur ce sera pour lui d'appartenir à cette grande famille administrative qui est assise depuis si longtemps à la table du budget ; et que ce repas doit être bon. En vérité cela vaut bien mieux que de confier des semences à la terre qui ne s'en occupe pas du tout quelquefois et en tout cas ne vous dédommage guère de vos peines ! — La période qui s'achève à été troublée, coupée de guerres et de révolutions, remplie d'incertitudes, de transformations économiques imprévues... L'ouvrier qui l'a traversée s'épanouit à la pensée que son fils portera une redingote noire et peut-être un ruban rouge, qu'il émargera du budget et « saura beaucoup de choses ». Il est fier d'appartenir à un pays où « le travail ouvre toutes les portes », comme dit M. Prudhomme; si son mioche montre un tant soit peu d'intelligence, il le tiendra pour un génie et se sentira disposé aux plus grands sacrifices pour lui « mettre le pied à l'étrier ». Bien de l'argent est gaspillé pour ne faire qu'un raté; le mioche a tenté l'escalade de la montagne, n'a pu l'accomplir et y a renoncé; mais ce qui a suffi à son père, il ne saurait plus s'en contenter. D'abord il se croit méconnu; quel est celui de ces vaincus qui aura la modestie de mettre sur le compte de son insuffisance la défaite qu'il a subie? il n'y en a pas un sur 1000. Alors il s'en prend à la société; c'est sa mauvaise organisation qui est cause de tout cela; dorénavant il verra tout en mal et détestera tout le monde. S'il est faible et épuisé, il ira dans le régiment des *résignés*, de ceux qui ont baissé la tête, ne se sentant pas de force à se révolter, mais prêts à servir les *révoltés* quand ceux-ci auront donné le premier assaut; car après tout si les seconds font le mal ce ne sont pas les premiers qui l'empêcheront; les uns et les autres ont intérêt à la révolution et ceux qui n'osent pas attacher le grelot, à coup sûr ne le détacheront pas.

J'en reviens à mon point de vue spécial c'est-à-dire aux effets fâcheux que produit le déclassement dans les collèges. Le premier est de laisser se former des amitiés auxquelles il faut ensuite couper court; cela ne se fait pas sans résistance. Il y a de belles protestations d'attachement éternel, voire même des efforts sincères pour franchir les barrières sociales; mais ces barrières sont terribles, elles repoussent à mesure qu'on les abat et de plus en plus épaisses; préjugés tant qu'on voudra, mais préjugés qui ont le dernier mot, et y a-t-il rien de plus blessant pour ceux sur lesquels ils pèsent que cette brutale séparation d'avec leurs amis de la veille? Ce qui est pire encore, ce sont les flatteries, les flagorneries dont sont l'objet ceux que leur position de fortune ou leur nom mettent en évidence; ils ont de véritables cours et traînent après eux un cortège de courtisans dont beaucoup sont simplement éblouis par l'idée d'avoir pour ami un si haut personnage, mais dont quelques autres plus précoces et plus malins cultivent la connaissance « pour plus tard » : ce sont parfois des diplomates bien habiles. A l'inverse, que d'humiliations, que de blessures d'amour-propre! Dans une école où j'étais demi-pensionnaire était aussi le fils d'un quincaillier, lequel sans doute avait endommagé l'équilibre de son budget pour placer là son héritier; l'omnibus s'arrêtait chaque matin devant la boutique, et, comme il y avait beaucoup de lampes à la devanture, on avait baptisé le petit du nom de Carcel. Pauvre Carcel, il en supporta de ces tortures raffinées que les enfants savent si bien se faire endurer les uns aux autres! A cet égard les lycées de l'État ont peut-être une supériorité; de tels faits y sont plus rares, parce que les élèves appartiennent à des mondes moins différents. Mais par contre, les mauvaises manières y atteignent leur maximum; en aucun pays les collégiens ne sont aussi gauches, aussi mal tenus, aussi peu polis, aussi *voyous* qu'en France ; mais, comme dit M. Alb. Delpit (*Figaro*), « à quel collégien français enseigna-t-on jamais que la propreté est un devoir qui se change en habitude »?

Pour avoir une idée du nombre de déclassés que produit notre éducation, il faut faire partie des comités des associations d'anciens élèves; ces associations limitent aux enfants des membres les secours qu'elles accordent; elles n'y suffiraient pas s'il fallait secourir les anciens élèves eux-mêmes; rien n'est instructif comme de jeter un coup d'œil rétrospectif sur l'ensemble d'une classe de Rhétorique et de s'enquérir de ce que sont devenus ceux qui en faisaient partie; on trouve là-dedans des malheureux qui rédigent le bulletin financier d'un petit journal de province, des chefs d'orchestre de casinos, des commis voyageurs en vins et une foule de petits employés; comme leur baccalauréat leur a été utile à tous ceux-là ! Vous avez encore ceux qui font la tournée de leurs anciens camarades, extorquant 5 francs de celui-ci, empruntant 20 francs de celui-là, comptant toujours sur quelque jobard qui, ému, fera une grosse aumône — et le trouvant généralement.

Une simple comparaison :

L'éducation anglaise passe pour fort aristocratique. Aucune différence pourtant entre les élèves d'une même classe autres que celles que crée le mérite, soit dans les études, soit dans les jeux ; le fils d'un duc y sera le « fag » de l'héritier d'un commerçant et lui obéira... Lequel des deux systèmes trouvez-vous le plus conforme à la démocratie ? D'autre part les manières sont parfaites, non point parce que tous les enfants qui entrent dans une école appartiennent à la haute classe, mais parce que le seul fait de leur entrée en fait des gentlemen et que, s'ils ne se montrent pas tels, ils devront en sortir. Et enfin pas de déclassement à craindre, parce que les boursiers ont eu à passer un examen et qu'ils sont capables de faire leur chemin ; leur capacité est prouvée.

Les remèdes au déclassement scolaire sont de deux sortes : les uns, qu'une réforme légale peut seule appliquer; les autres, qui ne dépendent guère que de l'opinion publique et qui peuvent être employés tout de suite. Les premiers sont : l'augmentation des prix de pension; la mise au concours des bourses. Je ne les discute pas davantage en ce moment; avant que pareils *desiderata* deviennent des réalités et puissent même le devenir, on aura tout le temps d'examiner leurs avantages et leurs inconvénients, de chercher des combinaisons, etc. Il est plus pratique de ne parler que de ce qui est immédiatement réalisable.

Chercher à enrayer le mouvement qui porte chacun à s'instruire est chose inutile; n'est-il pas légitime d'ailleurs ce mouvement, autant qu'irrésistible? Mais on peut s'instruire de bien des façons différentes; on le peut surtout sans sortir de sa spécialité grâce à l'enseignement professionnel qui, fort heureusement, tend chaque jour à se développer. Il progresserait encore plus vite si ceux auxquels il s'adresse n'étaient éblouis par le grec et le latin et dévorés de l'ambition de recevoir la même éducation que les riches. Eh bien! c'est aux riches à commencer. Qu'ils prennent eux aussi le chemin des écoles professionnelles (j'emploie ce mot dans son sens le plus large); qu'ils se souviennent de toutes les ressources qui leur sont offertes sous ce rapport. L'agriculture, le commerce, l'industrie leur ouvrent des carrières s'ils veulent abandonner définitivement les sots préjugés qui les en ont tenus écartés. Pendant longtemps on a estimé que moins l'on en savait et plus on se livrait à la routine, mieux l'on réussissait en agriculture; la vérité est que l'agriculture est peut-être ce qui exige le plus de connaissances pratiques et *théoriques;* aujourd'hui, à côté des fermes-écoles et de l'établissement de Grignon, il y a l'Institut agronomique où l'on étudie à fond la chimie rurale, l'anatomie et la physiologie végétale et animale, la machinerie agricole, etc. De telles études conviennent autant aux jeunes gens riches que les études « libérales ». La division ou si l'on veut la spécialisation de l'enseignement est dès à présent réalisable ; les Anglais, nous l'avons vu, établissent une distinction entre le *classique* et le *moderne;* faisons comme eux. C'est le meilleur moyen que chacun reste à sa place.

III

Le sujet que j'aborde maintenant est fort grave : ce ne serait pas à moi à le traiter; ce serait à ceux qui ont plus d'autorité et d'expérience. Mais puisqu'ils ne le font pas, puisqu'on s'obstine à laisser dans l'ombre le problème dont la solution est la plus urgente, je n'hésite pas à comparer encore sous ce triste point de vue des mœurs les collèges de France et d'Angleterre.

Comme on l'a fort bien dit, « toute agglomération d'hommes constitue un ensemble de vices et de corruptions, et les enfants, c'est de la graine d'hommes ». Les Anglais savent cela; ils savent aussi que le mal se communique d'un membre à un autre quand on ne prend pas soin de couper celui que la gangrène a envahie ; de là ce grand principe proclamé par Arnold et toujours observé depuis, de *renvoyer* sans pitié, sans hésitation !... Peu importe que l'élève soit intelligent, qu'il travaille bien ; aucune de ces considérations-là ne peut empêcher l'exclusion ; pas de repentir, pas de pardon ! Rien ! on n'écoute rien. Agit-on de même en France ? Je voudrais pour notre honneur pouvoir l'affirmer, mais ce serait un gros mensonge. Quand le scandale est par trop grand, par trop public, alors, oui, on renvoie le ou les coupables ; mais combien d'histoires à demi connues des élèves et grossies par eux naturellement dont les héros ont continué à fréquenter le collège ! Combien de maîtres ont reculé devant la crainte d'ébruiter une affaire qui fit du tort à l'établissement — ou de se priver d'un élève capable de remporter des prix du concours ou de réussir d'emblée ses examens ! Le fait s'est produit maintes fois dans les lycées aussi bien que dans les écoles religieuses ; ce sont là des calculs inqualifiables ; et ceux qui se sont oubliés jusqu'à faire de pareils raisonnements ne sont pas moins coupables envers les enfants que les juges qui font évader des criminels ne le sont vis-à-vis de la société.

En Angleterre cependant ce remède énergique — l'expulsion — est moins indispensable que chez nous; ce qui engendre le mal, ce qui le développe et l'étend surtout, c'est l'ennui ! Parmi les enfants il y a des vicieux précoces, mais il y a encore plus d'inconscients et de natures malsaines que de vicieux proprement dits; il faut faire la chasse aux premiers et mettre à l'abri les seconds, c'est-à-dire les soustraire à l'action pernicieuse de l'ennui et faire disparaître peu à peu leur anémie. Or chez nous, c'est tout le collège, ces deux mots là : ennui et anémie; à part de rares exceptions ils résument l'existence du collégien. — Ce qu'on a toujours vu autour de soi, on est porté à le croire normal; il faut la réflexion, le raisonnement ou bien l'observation chez les autres pour arriver à la conclusion opposée. Véritablement, quand on y réfléchit, rien ne semble en soi plus inepte que le mélange de caserne et de prison auquel, sous le nom d'internat, on condamne les enfants; il n'y a pas d'homme fait dont on exige ce qu'on exige d'eux, et justement à l'âge où ils ont surtout besoin d'espace, de lumière et de liberté. Au collège, la seule distraction de l'enfant, quand il est redescendu des siècles reculés qu'on offre à sa contemplation, c'est de penser, et de retourner sa pensée et de l'éplucher. Dans les longues études que pas un instant de délassement ne vient couper, entre deux vers latins son cerveau travaille à résoudre quelques-uns des « pourquoi » qui assaillent l'enfance, quand on la laisse penser; après ces interminables périodes de silence, le bonheur n'est pas de jouer au chat coupé ou à la balle au mur, mais de causer; la conversation achève ce que la réflexion avait commencé; elle est timide d'abord, à mots couverts; puis un autre « plus avancé » vient s'y mêler, et très vite on en arrive aux obscénités de langage.

Et ce n'est pas tout encore! Ainsi naissent les intimités douteuses, et tout leur cortège de choses inavouables; l'anémie y porte plus encore que l'excès de vitalité, quoi qu'on dise, et l'ennui, cet insurmontable ennui dont les murailles sont tendues et tous les meubles revêtus, l'ennui a raison de bien des bonnes volontés et de bien des résistances enfantines, mais héroïques parfois.

Voilà ce dont on ne veut pas convenir; les parents se barricadent derrière cette colossale illusion que la surveillance peut empêcher la corruption. Il n'y a pas de surveillance, quelque rigoureuse, quelque incessante qu'elle soit, à laquelle les enfants ne trouvent moyen d'échapper quand ils en ont bien envie; l'uniformité des règlements est, sous ce rapport, plus nuisible qu'utile; de telle heure à telle heure toute une partie du collège est vide; à tel moment précis les passants sont très rares dans les corridors, etc., sans compter les innombrables petits *trucs* qu'inventent les imaginations fertiles, les balles à aller chercher, les commissions improvisées, les billets de parloir falsifiés... et toujours le mensonge sur les lèvres et dans les yeux, ou au moins cette habile tromperie qui y ressemble beaucoup. Le mensonge est, chez les collégiens français, élevé à la hauteur d'une institution et je dois dire que les maîtres s'en inquiètent assez peu. Ils puniront bien plus sévèrement celui qui est dissipé en classe ou qui fait leur caricature sur les marges de son dictionnaire que celui qui ment.

Tous, cela va sans le dire, ne subissent pas au même degré les désastreux effets de la corruption; ordinairement dans un collège, à partir de la troisième, le petit noyau de ceux qui sont restés ignorants et naïfs va diminuant sans cesse; la grande masse est corrompue en paroles et en pensées; si pour beaucoup cela ne va pas plus loin, l'effet se fera sentir au sortir du collège; dans la réaction qui se produit alors, les sens sont pour beaucoup. Ce n'est pas impunément que pendant des années et des années les adolescents ont été privés, je ne dis pas de gâteries, de luxe, d'inutilités, mais du simple comfort qu'il est raisonnable de leur donner; ce n'est pas impunément qu'on les a mal nourris, qu'on les a numérotés, qu'on les a épiés, soupçonnés, qu'on a étouffé leur besoin de bruit et de mouvement. La réaction doit se produire; elle est une conséquence logique de ce régime; elle vient en effet et présente un côté sensuel parfaitement caractérisé; le corps se venge du mépris avec lequel il a été traité. Ainsi la corruption atteint à leur sortie de l'école ceux qui lui ont échappé jusque-là, et ses ravages, pour avoir moins de portée, n'en sont pas moins bien regrettables.

Des remèdes?... ils résultent de l'ensemble des faits que j'ai amassés dans ce volume. Pour balayer complètement cette pourriture scolaire il faut persuader d'abord à l'opinion publique qu'elle existe : c'est laborieux, car les gens prévenus ne veulent croire ni les yeux des autres ni même quelquefois leurs propres yeux. Mais le mal peut dès à présent être combattu efficacement d'abord par la pratique de l'expulsion, seul moyen de maintenir à une hauteur satisfaisante le niveau moral d'une maison d'éducation; et ensuite par le développement des exercices du corps. Il faut absolument tailler dans l'éducation française une place au sport; voilà ma conclusion principale; elle peut paraître étrange. Je prie ceux dont elle excitera l'incrédulité de ne point se former là-dessus un jugement définitif; il est impossible d'étudier même superficiellement les écoles anglaises sans reconnaître l'immense et je dirai presque l'incompréhensible influence du sport sur l'éducation.

A une condition toutefois! c'est qu'il ne verse pas dans le militarisme; c'est là un écueil vers lequel nous voguons et qu'il faudra éviter. Le génie unitaire de Napoléon Ier créa l'internat tel qu'il subsiste encore aujourd'hui; l'empereur avait besoin de soldats et se souciait médiocrement d'avoir des citoyens. Or, aujourd'hui, sous l'influence d'une idée noble à coup sûr mais très spéciale, il y a une tendance à militariser de plus en plus l'éducation. La revanche que l'on prépare ne sera, si elle a lieu, qu'un épisode de notre histoire. Qu'elle la prenne ou qu'elle y renonce, la France n'en restera pas moins une très grande nation, rayonnant au dehors, occupant une place d'honneur dans l'avant-garde de la civilisation; et c'est de citoyens plus que de soldats qu'elle a besoin.

Ce qu'on peut appeler le sport *militaire*, par opposition au sport *tout court*, ne produira pas de bons citoyens. Les nombreuses sociétés de tir et de gymnastique qui ont été fondées depuis la guerre forment, on ne saurait le nier, une grande école de discipline et de patriotisme, mais d'autre part l'appareil militaire dont elles s'entourent n'est propre qu'à engendrer des vues étroites et à éteindre l'initiative individuelle qu'elles auraient dû avoir pour but de développer. Bien plus utiles à cet égard sont les 2 ou 3 sociétés nautiques existantes à Paris que les 33 sociétés de gymnastique qui comptent 3041 membres dans les 20 arrondissements de notre capitale.

IV

Ce n'est pas le militarisme qu'il faut à notre éducation, c'est la liberté; ce ne sont point des administrés et des subordonnés, mais des hommes libres que nos maîtres doivent former; et ce serait une singulière introduction à la pratique de cette liberté que d'apprendre aux enfants la seule obéissance du soldat. A l'heure où j'écris ces lignes, la presse fait connaître à ceux qui n'ont pas eu la bonne fortune de les entendre deux discours qui viennent d'être prononcés sous la coupole de l'Institut : l'un par M. Gréard, faisant l'éloge du comte de Falloux, dont il va occuper le fauteuil à l'Académie française; l'autre par le duc de Broglie, répondant au vice-recteur de l'académie de Paris. Dans ces discours, où il est si éloquemment parlé de la noble science de l'éducation, je veux prendre le mot de la fin. Formulant l'opinion de l'illustre inspirateur de la loi de 1850, le duc de Broglie dit quelque part que « rien ne sert moins, rien ne compromet au contraire autant l'unité d'une nation que la prétention d'imposer aux enfants une uniformité mécanique de sentiments et d'habitudes ». Rappelant les difficultés de l'heure présente et faisant ensuite appel à tous les dévouements pour les résoudre, M. Gréard prononce ces paroles : « L'esprit d'affranchissement a pénétré partout, confondant trop souvent les privilèges abusifs et les inégalités nécessaires, la liberté et la licence, le pouvoir et le droit. Et en même temps, de ces mouvements confus et mal réglés se dégagent un sentiment plus vif de la dignité humaine, une conception plus saine de la justice, tout un ensemble d'efforts qui témoignent d'une raison publique plus largement éclairée. » — Et plus loin : « Quelle force pour la France, le jour où tous ceux qui ont le souci de l'avenir associeraient leurs lumières et leurs efforts pour travailler de concert à l'éducation de la démocratie et asseoir sur des institutions protectrices de toutes les libertés, respectueuses de tous les droits, l'unité morale du pays. » On ne peut mieux résumer les besoins de la démocratie, mais on ne peut non plus en distinguer avec plus de franchise ce nivellement égalitaire qui, poussé à l'extrême, ne fait en réalité que porter au sommet tant de médiocrités. Dans l'éducation aussi — et même là plus qu'ailleurs — il y a des « inégalités nécessaires ». — Renonçons donc à cette dangereuse chimère d'une éducation égale pour tous et prenons modèle sur un peuple qui comprend si bien la différence entre la démocratie et l'égalité.

Paris, 20 janvier 1888.

FIN

TABLE DES MATIÈRES

Introduction	1
A travers les Public Schools	25
Eton	27
Harrow	42
Rugby	63
Wellington	86
Winchester	104
Marlborough	111
Charterhouse	121
Cooper's Hill	126
Westminster	129
Christ's Hospital	138
Généralités et conclusion	141
Les écoles catholiques	164
Souvenirs universitaires	177
Toyndee Hall	268
Problèmes et solutions	287

Coulommiers. — Typ. P. BRODARD et GALLOIS.

LIBRAIRIE HACHETTE ET Cⁱᵉ
BOULEVARD SAINT-GERMAIN, 79, A PARIS

LES
GRANDS ÉCRIVAINS FRANÇAIS

ÉTUDES SUR LA VIE, LES ŒUVRES ET L'INFLUENCE
DES PRINCIPAUX AUTEURS DE NOTRE LITTÉRATURE

Notre siècle qui finit a eu, dès son début, et léguera au siècle prochain un goût profond pour les recherches historiques. Il s'y est livré avec une ardeur, une méthode et un succès que les âges antérieurs n'avaient pas connus. L'histoire du globe et de ses habitants a été refaite en entier; la pioche de l'archéologue a rendu à la lumière les os des héros de Mycènes et le propre visage de Sésostris. Les ruines expliquées, les hiéroglyphes traduits ont permis de reconstituer l'existence des illustres morts; parfois, de pénétrer dans leur pensée.

Avec une passion plus intense encore, parce qu'elle était mêlée de tendresse, notre siècle s'est appliqué à faire revivre les grands écrivains de toutes les littératures, dépositaires du génie des nations, interprètes de la pensée des peuples. Il n'a pas manqué en France d'érudits pour s'occuper de cette tâche; on a publié les œuvres et débrouillé la biographie de ces hommes illustres que nous chérissons comme des ancêtres et qui ont contribué, plus même que les princes et les capitaines, à la formation de la France moderne, pour ne pas dire du monde moderne.

Car c'est là une de nos gloires, l'œuvre de la France a été accomplie moins par les armes que par la pensée, et l'action de notre pays sur le monde a toujours été indépendante de ses triomphes militaires : on l'a vue prépondérante aux heures les plus douloureuses de l'histoire nationale. C'est pourquoi les grands penseurs de notre littérature intéressent non seulement leurs descendants directs, mais encore une nombreuse postérité européenne éparse au delà des frontières.

Initiateurs d'abord, puis vulgarisateurs, les Français furent les premiers, au sein du tumulte qui marqua le début du moyen âge, à recommencer une littérature; les premières chansons qu'entendit la société moderne à son berceau furent des chansons françaises. De même que l'art gothique et que l'institution des universités, la littérature du moyen âge commence dans notre pays, puis se propage dans toute l'Europe : c'est l'initiation.

Mais cette littérature ignorait l'importance de la forme, de la sobriété, de la mesure; elle était trop spontanée et pas assez réfléchie, trop indifférente aux questions d'art. La France de Louis XIV mit en honneur la forme : ce fut, en attendant l'âge du renouveau philosophique dont Voltaire et Rousseau devaient être les apôtres européens au XVIII° siècle, et en attendant la période éclectique et scientifique où nous vivons, l'époque de la vulgarisation des doctrines littéraires. Si cette tâche n'avait pas été remplie comme elle l'a été, la destinée des littératures eût été changée ; l'Arioste, le Tasse, Camoens, Shakespeare ou Spenser, tous les étrangers réunis, ceux de la Renaissance et ceux qui suivirent, n'eussent point suffi à provoquer cette réforme ; et notre âge, peut-être, n'eût point connu ces poètes passionnés qui ont été en même temps des artistes parfaits, plus libres que les précurseurs d'autrefois, plus purs de forme que n'avait rêvé Boileau : les Chénier, les Keats, les Gœthe, les Lamartine, les Leopardi.

Beaucoup d'ouvrages, dont toutes ces raisons justifient de reste la publication, ont donc été consacrés de notre temps aux grands écrivains français. Et cependant ces génies puissants et charmants ont-ils dans la littérature actuelle du monde la place qui leur est due ? Nullement, et pas même en France, pour des causes multiples.

D'abord, ayant reçu tardivement, au siècle dernier, la révélation des littératures du Nord, honteux de notre ignorance, nous nous sommes passionnés d'étranger, non sans profit, mais peut-être avec excès, au grand détriment dans tous les cas des ancêtres nationaux. Ces ancêtres, de plus, il n'a pas été possible jusqu'ici de les associer à notre vie comme nous eussions aimé, et de les mêler au courant de nos idées quotidiennes ; du moins, et précisément à cause de la nature des travaux qui leur ont été consacrés, on n'a pas pu le faire aisément. Où donc, en effet, revivent ces morts ? Dans leurs œuvres ou dans les traités de littérature. C'est déjà beaucoup sans doute, et les belles éditions savantes, et les traités artistiquement ordonnés ont rendu moins difficile, dans notre temps, cette communion des âmes. Mais ce n'est point encore assez; nous sommes habitués maintenant à ce que toute chose nous soit aisée; on a clarifié les grammaires et les sciences comme on a simplifié les voyages; l'impossible d'hier est devenu l'usuel d'aujourd'hui. C'est pourquoi, souvent, les anciens traités de littérature nous rebutent et les éditions complètes ne nous attirent point : ils conviennent pour les heures d'étude qui sont rares en dehors des occupations obligatoires, mais non pour les heures de repos qui sont plus fréquentes. Aussi, le livre qui s'ouvre, tout seul pour ainsi dire à ces moments, est le dernier roman paru; et les œuvres des grands hommes, complètes et intactes, immobiles comme des portraits de famille, vénérées, mais rarement contemplées, restent dans leur bel alignement sur les hauts rayons des bibliothèques.

On les aime et on les néglige. Ces grands hommes semblent trop lointains, trop différents, trop savants, trop inaccessibles. L'idée de l'édition en beaucoup de volumes, des notes qui détourneront le regard, de l'appareil scientifique qui les entoure, peut-être le vague souvenir du collège, de l'étude classique, du devoir juvénile, oppriment l'esprit; et l'heure qui s'ouvrait vide s'est déjà enfuie; et l'on s'habitue ainsi à laisser à part nos vieux auteurs, majestés muettes, sans rechercher leur conversation familière.

Le but de la présente collection est de ramener près du foyer ces grands hommes logés dans des temples qu'on ne visite pas assez, et de rétablir entre les descendants et les ancêtres l'union d'idées et de propos qui, seule, peut assurer, malgré les changements que le temps impose, l'intègre conservation du génie national. On trouvera dans les volumes en cours de publication des renseignements précis sur la vie, l'œuvre et l'influence de chacun des écrivains qui ont marqué dans la littérature universelle ou qui représentent un côté original de l'esprit français. Les livres seront courts, le prix en sera faible; ils seront ainsi à la portée de tous. Ils seront conformes, pour le format, le papier et l'impression, au spécimen que le lecteur a sous les yeux. Ils donneront, sur les points douteux, le dernier état de la science, et par là ils pourront être utiles même à ceux qui savent : ils ne contiendront pas d'annotations, parce que le nom de leurs auteurs sera, pour chaque ouvrage, une garantie suffisante : le concours des plus illustres contemporains est, en effet, assuré à la collection. Enfin une reproduction exacte d'un portrait authentique permettra aux lecteurs de faire en quelque manière la connaissance physique de nos grands écrivains.

En somme, rappeler leur rôle, aujourd'hui mieux connu grâce aux recherches de l'érudition, fortifier leur action sur le temps présent, resserrer les liens et ranimer la tendresse qui nous unissent à notre passé littéraire; par la contemplation de ce passé, donner foi dans l'avenir et faire taire, s'il est possible, les dolentes voix des découragés : tel est notre but principal. Nous croyons aussi que cette collection aura plusieurs autres avantages. Il est bon que chaque génération établisse le bilan des richesses qu'elle a trouvées dans l'héritage des ancêtres; elle apprend ainsi à en faire meilleur usage; de plus, elle se résume, se dévoile, se fait connaître elle-même par ses jugements. Utile pour la reconstitution du passé, cette collection le sera donc encore, si l'accueil qu'elle reçoit permet de la mener à bien, pour la connaissance du présent.

10 avril 1887.

J. J. JUSSERAND.

LES
GRANDS ÉCRIVAINS FRANÇAIS

ÉTUDES SUR LA VIE, LES ŒUVRES ET L'INFLUENCE
DES PRINCIPAUX AUTEURS DE NOTRE LITTÉRATURE

Chaque volume est consacré à un écrivain différent
et se vend séparément.
Prix du volume, avec un portrait en photogravure. **2 fr.**

Viennent de paraître

VICTOR COUSIN
par M. Jules Simon
de l'Académie française.

MAD. DE SÉVIGNÉ
par M. Gaston Boissier
de l'Académie française.

MONTESQUIEU
par M. Albert Sorel.

GEORGE SAND
par M. E. Caro
de l'Académie française.

TURGOT
par M. Léon Say
de l'Académie française.

Pour paraître incessamment

VOLTAIRE
par M. Ferd. Brunetière.

RACINE
par M. Anatole France.

JOSEPH DE MAISTRE
par le vicomte Eugène Melchior de Vogüé.

En préparation

Villon, par M. Gaston Paris, membre de l'Institut.

D'Aubigné, par M. Guillaume Guizot, professeur au Collège de France.

Boileau, par M. Ferdinand Brunetière.

Rousseau, par M. Cherbuliez, de l'Académie française.

Lamartine, par M. de Pomairols.

Balzac, par M. Paul Bourget.

Musset, par M. Jules Lemaitre.

Sainte-Beuve, par M. Taine, de l'Académie française.

Guizot, par M. G. Monod, directeur de la *Revue historique.*

Etc., etc., etc.

BIBLIOTHEQUE VARIEE A 3 FR. 50 LE VOLUM
FORMAT IN-16

Études littéraires.

Albert (Paul) : *La poésie, études sur les chefs-d'œuvre des poètes de tous les temps et de tous les pays.* 1 vol.
— *La prose, études sur les chefs-d'œuvre des prosateurs de tous les temps et de tous les pays.* 1 vol.
— *La littérature française des origines à la fin du XVIᵉ siècle.* 1 vol.
— *La littérature française au XVIIᵉ siècle.*
— *La littérature française au XVIIIᵉ siècle.* 1 vol.
— *La littérature française au XIXᵉ siècle.* 2 vol.
— *Variétés morales et littéraires.* 1 vol.
— *Poètes et poésies.* 1 vol.

Berger (Adolphe) : *Histoire de l'éloquence latine, depuis l'origine de Rome jusqu'à Cicéron, publié par M. V. Cucheval.* 2 vol.
Ouvrage couronné par l'Académie française.

Bersot : *Un moraliste ; études et pensées.*

Bossert : *La littérature allemande au moyen âge.* 1 vol.
— *Gœthe, ses précurseurs et ses contemporains.* 1 vol.
— *Gœthe et Schiller.* 1 vol.
Ouvrage couronné par l'Académie française.

Brunetière : *Études critiques sur l'histoire de la littérature française.* 2 vol.

Caro : *La fin du XVIIIᵉ siècle ; études et portraits.* 2 vol.

Deltour : *Les ennemis de Racine au XVIIᵉ siècle.* 1 vol.
Ouvrage couronné par l'Académie française.

Deschanel : *Études sur Aristophane.* 1 vol.

Despois (E.) : *Le théâtre français sous Louis XIV.* 1 vol.

Gebhart (E.) : *De l'Italie, essais de critique et d'histoire.* 1 vol.
— *Rabelais, la Renaissance et la Réforme.*
Ouvrage couronné par l'Académie française.
— *Les origines de la Renaissance en Italie.*
Ouvrage couronné par l'Académie française.

Girard (J.), de l'Institut : *Études sur l'éloquence attique (Lysias, — Hypéride, — Démosthène).* 1 vol.
— *Le sentiment religieux en Grèce.* 1 vol.
Ouvrage couronné par l'Académie française.

Janin (Jules) : *Variétés littéraires.* 1 vol.

Laveleye (E. de) : *Études et essais.* 1 vol.

Lenient : *La satire en France au moyen âge.* 1 vol.
— *La satire en France, ou la littérature militante au XVIᵉ siècle.* 2 vol.

Lichtenberger : *Études sur les poésies lyriques de Gœthe.* 1 vol.
Ouvrage couronné par l'Académie française.

Martha (C.), de l'Institut : *Les moralistes sous l'empire romain.* 1 vol.
Ouvrage couronné par l'Académie française.
— *Le poème de Lucrèce.* 1 vol.
— *Études morales sur l'antiquité.* 1 vol.

Mayrargues (A.) : *Rabelais.* 1 vol.

Mézières (A.), de l'Académie française : *Shakespeare, ses œuvres et ses critiques.*
— *Prédécesseurs et contemporains de Shakespeare.* 1 vol.
— *Contemporains et successeurs de Shakespeare.* 1 vol.
Ouvrages couronnés par l'Académie française.
— *Hors de France.* 1 vol.
— *En France.* 1 vol.

Montégut (E.) : *Poètes et artistes de l'Italie.* 1 vol.
— *Types littéraires et fantaisies esthétiques.* 1 vol.
— *Essais sur la littérature anglaise.* 1 vol.

Nisard (Désiré), de l'Académie française : *Études de mœurs et de critique sur les poètes latins de la décadence.* 2 vol.

Patin : *Études sur les tragiques grecs.* 4 vol.
— *Études sur la poésie latine.* 2 vol.
— *Discours et mélanges littéraires.* 1 vol.

Pey : *L'Allemagne d'aujourd'hui.* 1 vol.

Prévost-Paradol : *Études sur les moralistes français.* 1 vol.

Sainte-Beuve : *Port-Royal.* 7 vol.

Taine (H.), de l'Académie française : *Essai sur Tite-Live.* 1 vol.
Ouvrage couronné par l'Académie française.
— *Essais de critique et d'histoire.* 2 vol.
— *Histoire de la littérature anglaise.* 5 vol.
— *La Fontaine et ses fables.* 1 vol.

Tréverret (de) : *L'Italie au XVIᵉ siècle.* 2 vol.

Wallon : *Éloges académiques.* 2 vol.

Chefs-d'œuvre des littératures étrangères.

Byron (lord) : *Œuvres complètes, traduites de l'anglais par M. Benjamin Laroche.* 4 vol.

Cervantès : *Don Quichotte, traduit de l'espagnol par M. L. Viardot.* 2 vol.

Dante : *La divine comédie, traduite de l'italien par P. A. Florentino.* 1 vol.

Ossian : *Poèmes gaéliques, recueillis par Mac-Pherson, traduits de l'anglais par F. Christian.* 1 vol.

Shakespeare : *Œuvres complètes, traduites de l'anglais par M. E. Montégut.* 10 vol.
Ouvrage couronné par l'Académie française.
Chaque volume se vend séparément.

www.ingramcontent.com/pod-product-compliance
Lightning Source LLC
Chambersburg PA
CBHW072005150426
43194CB00008B/1005